Das Urprogramm der Partnerschaft

Hermann Meyer/Eva-Maria Meyer

Das Urprogramm der Partnerschaft

Wie Sie (fast) jeden Mann und jede Frau
für sich gewinnen können
- für immer -

1. Auflage

© 2000 by   Trigon Verlag, München
             Tel: 089/2603959, Fax: 089/2603959

Umschlaggestaltung: Michael Kisters, München
Satz, Druck und Bindung: Ebner Ulm
Printed in Germany
ISBN 3–00-005572-X

Inhalt

Reale und irreale Emanzipation

Die sechs Aufgaben des Mannes

Die sechs Aufgaben der Frau

Dauerhaftes Glück ist möglich

In Dankbarkeit gewidmet
den Singles und Paaren,
die durch ihre Ehrlichkeit und Offenheit
dieses Buch möglich gemacht haben.

*«Alles Sinnen und Trachten des Menschen
ist so instinktgebunden wie das
Verhalten des Steinzeitmenschen».*
(Konrad Lorenz)

Vorwort

Kaum etwas anderes kann soviel zu unserer Lebensqualität
und Lebenserfüllung beitragen wie eine rundum gut funktio-
nierende Paarbeziehung. Doch statt eine Quelle von Geborgenheit, Selbstvertrauen, Inspiration und Extase zu sein, sind
Partnerschaften zwischen Mann und Frau heutzutage eher
durch Stress, Ängste, Verzweiflung und Selbstverleugnung
geprägt. Ist die anfängliche Euphorie erst einmal verflogen
und die Illusion, den Traumpartner gefunden zu haben, ge-
platzt, werden häufig enorme Anstrengungen unternommen,
um zumindest den Anschein von Harmonie aufrechtzuerhalten. Irgendwann wird dann gewöhnlich ein Ende mit Schrecken einem Schrecken ohne Ende vorgezogen. Die seit
Jahrzehnten stetig steigenden Scheidungszahlen sprechen
eine deutliche Sprache. Fast nie macht jemand eigenes Unver-
mögen oder seinen mangelnden Realitätssinn für das Scheitern einer Beziehung verantwortlich, fast immer wird die
Schuld beim anderen gesucht, dessen größtes »Verbrechen«
meist darin besteht, den eigenen Vorstellungen vom idealen
Partner nicht zu entsprechen. Die feste Überzeugung, betro-
gen und getäuscht worden zu sein, löscht nicht selten jedes
Gefühl von Liebe, das dem Partner gegenüber einmal empfunden wurde, schlagartig oder nach und nach aus. In dem
Maße, wie die Liebe zum realen Partner abnimmt, steigt die
Verliebtheit in die eigenen, mehr oder weniger infantilen
Phantasien. Ein Teufelskreislauf kommt in Gang, an dessen

11

Ende sehr oft Resignation, Einsamkeit und manchmal eine gewisse »Verschrobenheit« stehen. Dabei dürfte es doch eigentlich ganz einfach sein, eine erfüllende Beziehung zu führen, man müsste sich dazu allerdings auf die Ratschläge der Fachleute verlassen können. Diese laufen zu einem großen Teil darauf hinaus, dass sich jeder mit ganzer Kraft darum bemühen muss, seine Neigungen, Vorlieben und Bedürfnisse dem Wohle der gemeinsamen Partnerschaft unterzuordnen. Aber ist dies wirklich die Lösung? Oder liegt nicht genau hier der Hund begraben? Leider zeigt sich immer wieder: Auf die Dauer lässt sich die Natur eines Mannes oder einer Frau weder beliebig manipulieren noch unterdrücken. Ob es uns gefällt oder nicht: Die Biologie ist auf lange Sicht immer stärker und mächtiger als jeder noch so gute Wille oder Ideologien, die der menschlichen Natur nicht gerecht werden. Die Chancen auf eine dauerhafte und befriedigende Beziehung hängen in erster Linie davon ab, wie gut jemand die ihm von seiner Natur bzw. seiner Genetik geschlechtsspezifisch vorgegebenen Aufgaben bewältigt. Es geht dabei keinesfalls darum, Menschen auf Objekte zu reduzieren, z.B. Frauen auf Sexobjekte und Männer auf Erfolgsobjekte. Vielmehr geht es um echte Selbstverwirklichung, um eine Form der Gleichberechtigung, die sich nicht auf platte Gleichmacherei beschränkt, sowie um gegenseitigen Respekt vor der Einzigartigkeit und der Identität des Partners als Mann oder Frau. Es geht darum zu erkennen, dass sich im Spiel der Geschlechter die Trumpfkarten der Frauen in fast jeder Hinsicht von denen der Männer unterscheiden. Und es geht um die Bedeutung der inneren Werte, die unter keinen Umständen als Trostpreise für Verlierer und Versager diffamiert werden dürfen.

München, im März 2000   Marlyse Keller und Peter Schulz

Warum dieses Buch geschrieben wurde

Wir waren früher anderer Meinung, doch schließlich haben wir die Realität erkannt.

Die Realität heißt: In uns gibt es ein Naturprogramm, das Urprogramm der Partnerschaft.

Wer danach lebt, dem geht es gut.

Wer es ignoriert, dem geht es schlecht. So einfach ist das! Wir dachten zuerst: »Das ist zu einfach. Es kann nicht sein, was nicht sein darf.«

Jetzt sind wir überzeugt, dass es so ist. Warum, das beschreiben wir in diesem Buch.

Der Natur ist es offensichtlich völlig egal, wie edel und gut die Einstellungen und Vorstellungen eines Menschen sind. Nicht egal ist es ihr aber, wie jemand seine im Urprogramm vorgegebenen Aufgaben erfüllt.

In den letzten Jahren und Jahrzehnten wurde man nicht müde, den »neuen Mann« und die »neue Frau« zu propagieren. Der neue Mann sollte kochen, im Haushalt mithelfen, die Kinder versorgen und betreuen, die neue Frau den Kochtopf mit dem Laptop vertauschen, Karriere machen und Machtpositionen einnehmen.

Doch irgendetwas stimmte da nicht!

Warum folgte für alle, die diesen Forderungen nachkamen, mehr Frust als Lust? Warum ist »Emanze« und glückliche Beziehung ein Widerspruch in sich? Oder sind wirklich an allem nur die Männer schuld?

Wir sind diesen Fragen nachgegangen, haben über einen Zeitraum von vier Jahren bei vielen Singles und Paaren recherchiert und deren Schicksal in allen wesentlichen Aspekten untersucht. Dabei machten wir eine Entdeckung, die für die Betreffenden selbst und für uns wie eine Offenbarung war: das menschliche Naturprogramm. Jeder, der dieses missachtet, wird von der Natur z.B. mit Krankheit, Liebesleid, Depression und Einsamkeit in der Partnerschaft bestraft.

Deshalb heißt das Motto dieses Buches: Es gilt, der Realität ins Auge zu schauen, die Gesetze der Natur zu befolgen und dadurch alle Chancen in die Hand zu bekommen, mehr Glück und Erfolg in der Partnerschaft und im Leben zu erwirken.

München, im März 2000   Eva-Maria und Hermann Meyer

Reale und irreale Emanzipation

» Unsere Bestimmung ist,
die Gegensätze richtig zu erkennen,
erstens nämlich als Gegensätze,
dann aber als Pole einer Einheit.«
(Hermann Hesse)

Die fünf falschen Annahmen

In jeder früheren Gesellschaft, in der die physische Stärke einen höheren Stellenwert als heute hatte, musste sich dies nachteilig für die Frau auswirken. Solange körperliche Stärke und Dominanz einen höheren Rang einnahmen als Fürsorge, Hege und Pflege, Liebe und Menschlichkeit, war die Frau die Unterlegene[1]. Und vor etwas mehr als zweihundert Jahren diskutierten Ärzte noch ernsthaft die Frage, ob denn auch eine Frau eine Seele habe, ja, und erst im Jahre 1971 wurde in der Schweiz das Wahlrecht für Frauen eingeführt. Klar, dass angesichts der jahrhundertelangen Unterdrückung Frauen auf die Barrikaden gingen und gleiche Rechte einforderten. Dass Frauen versuchten, sich zu emanzipieren, gab in den siebziger Jahren des vergangenen 20. Jahrhunderts Anlass zu großer Hoffnung.

Was herrschte da für eine Aufbruchstimmung! Welch große Hoffnung machte sich da breit! Tausende von Büchern sind über die Befreiung der Frau geschrieben worden, unzählige feministische Zirkel diskutierten emotional und leidenschaftlich, oft nächtelang.

Inzwischen hat sich leider gezeigt, dass die Emanzipation der Frau – von einigen wenigen Ausnahmen abgesehen – gescheitert ist. Es hat im Grunde nur eine Pseudo-Emanzipation stattgefunden, die von folgenden fünf Annahmen ausging:

1. **Mann und Frau sind bis auf den »kleinen Unterschied« gleich.**
Die Geschlechter sind nicht zuletzt deshalb verschieden, weil – wie Wissenschaftler inzwischen festgestellt haben – ihre Gehirne verschieden sind. Das Gehirn, unser wichtigstes Organ, das unsere sämtlichen Körper- und Sinnesfunktionen und unsere Emotionen steuert, ist bei Männern und Frauen unterschiedlich aufgebaut. Es verarbeitet Informationen auf unterschiedliche Weise, was zu unterschiedlichen Wahrnehmungen, Prioritäten und Verhaltensweisen führt.[2]
Und gerade diese großen Unterschiede zwischen Mann und Frau sind es, auf denen die Anziehung und die Faszination beruhen, die die Geschlechter aufeinander ausüben.
Der amerikanische Anthropologe Melford E. Spiro ist der Frage nachgegangen, was in einer Gesellschaft geschähe, die auf der absoluten Gleichheit von Mann und Frau aufbauen würde. Er hat die Entwicklung des Kibbuz Kiryat Yedidim in Israel über dreißig Jahre hinweg, von seiner Gründung bis heute, verfolgt, und fand dabei Erstaunliches heraus. Spiros Beobachtungen geben uns zahlreiche Aufschlüsse über den Einfluss der Gesellschaft und über die Bedeutung der Indoktrinierung. In der Anfangszeit des Kibbuz arbeiteten Männer und Frauen, der Kibbuz-Philosophie getreu, Seite an Seite auf den Feldern. Alle taten genauso viel und genau das gleiche. Doch das Experiment ging sehr viel anders aus als geplant. Die Frauen fanden die Arbeit auf den Traktoren zu schwierig, außerdem befürchteten sie, dass die Zunahme der Fehlgeburten auf die zu schwere körperliche Arbeit zurückzuführen war. Daraufhin wurde die Arbeitsbelastung nach und nach umverteilt, und am Ende gab es wieder wie vorher eine Spezialisierung nach Geschlechtern. Die Frauen übernahmen die Krankenpflege, den Schulunterricht und die Be-

treuung der Kinder in den Kindertagesstätten. Nach kurzer Zeit waren 88 Prozent aller Frauen mit Dienstleistungen und Kinderbetreuung sowie im Schulwesen beschäftigt und nur noch 12 Prozent arbeiteten auf den Feldern. Die moderne Sabra – die Israelin der zweiten Generation – betrachtet denn auch Berufe in der Landwirtschaft als nicht besonders attraktiv. Sie lässt sich dabei nicht von ideologisch-egalitärer Romantik beeinflussen. Hinsichtlich Verwaltung und Leitung ging man gleicherweise vor. Zunächst motivierte man die weiblichen Kibbuzniks mit Erfolg dazu, sich an möglichst vielen politischen Aktivitäten zu beteiligen und auch bei den Generalversammlungen, dem »Regierungsorgan« des Kibbuz, mitzumachen. Doch im Laufe der Jahre zogen sich die Frauen immer mehr aus diesen Bereichen zurück. Sie kümmerten sich einfach lieber um ihre Familie als um politische Angelegenheiten. Die Pioniere der Kibbuz-Bewegung wollten Unterschiede bei den Geschlechtern nicht zur Kenntnis nehmen. Männer und Frauen sollten sich gleich anziehen, die körperliche Andersartigkeit wurde unterdrückt. Heute ziehen sich die Sabras wieder traditionell weiblich an. Kleider, Schmuck und Kosmetika sind für sie wichtige Konsumartikel. Etliche Kibbuzim haben inzwischen sogar einen Schönheitssalon![3]

2. **Die männliche Natur ist böse, die weibliche Natur gut.**
Da Männer sich grundlegend von Frauen unterscheiden, sehen viele Angehörige des weiblichen Geschlechts die Natur des Mannes als böse an. Sie können und wollen partout nicht verstehen, dass der Mann anders ist, sie möchten, dass er so fühlt und denkt wie sie, dass er in ihrem Sinne edel, hilfreich und gut, dazu niveauvoll und gesittet ist. Wenn ein Mann tatsächlich einmal der Aufforderung einer Frau Folge leistet, sich zu öffnen und ihr seine wahren Gefühle und Gedanken zu offenbaren, ist fast al-

les, was da meist zum Vorschein kommt, für sie schmerzvoll und bitter. Er erzählt z.B. von seinen Aggressionen gegenüber Konkurrenten am Arbeitsplatz, macht potentielle Rivalen verbal nieder, spricht vom letzten Fußballspiel, bei dem der Mittelstürmer in der letzten Minute einen Elfmeter verschossen hat, schildert ihr die sexuellen »Schweinereien«, die er ständig im Kopf hat, und erklärt ihr womöglich mit belegter Stimme, dass ihm die Beziehung zu ihr ein bisschen zu eng sei und er mehr Distanz brauche.

Spätestens hier sackt die Betreffende gewöhnlich in sich zusammen, vielleicht schreit sie: »Nein! Sag, dass das nicht wahr ist! Sag, dass ich mich verhört habe! Ich kann mich doch nicht in einem Menschen so getäuscht haben.« Mit solchen Enthüllungen hat sie nicht gerechnet. Sie wollte etwas über sein Innerstes erfahren, wollte ihn näher kennen lernen und besser verstehen und nun entpuppt sich ihr Partner als »Primitivling«, als geistiger »Neandertaler«, als das »letzte Tier«. Schauen wir uns die Situation etwas näher an und greifen zunächst einmal das Problem der Distanz auf. John Gray[4] schreibt hierzu: »Männer sind wie Gummibänder. Wenn sie sich entfernen, gehen sie nur eine bestimmte Strecke weit und kommen dann mit Schwung wieder zurück. Ein Gummiband ist ein Bild, um die männliche Art, mit Nähe umzugehen, zu symbolisieren. Wenn Männer sich einer Frau nähern, kommen sie ihr erst nahe, entfernen sich dann wieder, um daraufhin erneut auf sie zuzugehen. Die meisten Frauen sind darüber erstaunt, dass ein Mann, wenn er eine Frau liebt, sich periodisch entfernen muss, bevor er wieder näher kommen kann.

Männer haben einen instinktiven Drang, sich zu entfernen. Es liegt nicht in ihrer Hand. Sie können es nicht ändern. Es ist ein natürlicher Vorgang, der Zyklus des Mannes.«

Bis zu einem gewissen Grad verliert ein Mann den Kontakt zu sich selbst, wenn er mit einer Partnerin zusammengeht, da für ihn deren Bedürfnisse, Probleme, Wünsche und Emotionen sehr häufig im Vordergrund stehen. Indem er sich wieder entfernt, kann er seine persönlichen Grenzen wiederfinden und gleichzeitig sein Bedürfnis nach Autonomie befriedigen.

Dieses natürliche Bedürfnis sich zurückzuziehen, kann durch das Verhalten seiner Partnerin verstärkt oder aber auch abgeschwächt werden. So wird z.B. ein Mann, dessen Partnerin ihm jedes Mal, wenn er erscheint, »die Hucke vollredet«, größere Beziehungspausen benötigen als einer, der bei seiner Partnerin das Gefühl hat, selbst nicht zu kurz zu kommen und in seinen Bedürfnissen wahrgenommen zu werden.

Der Umstand, dass ein Mann nur ein begrenztes Maß an Nähe vertragen kann, wird ihm jedoch von weiblicher Seite oft übel genommen. Ihm werden aufgrund dessen nicht selten mangelnde Fähigkeiten zu Intimität und Nähe oder gar mangelnde Beziehungsfähigkeit unterstellt.

Ein anderes Problem sind seine Aggressionen auf Konkurrenten und Rivalen. Desmond Morris schreibt hierzu in »Das Tier Mensch«: »Aggression, in ihrer wahren Bedeutung, heißt, einen Streit zwischen Individuen offensiv zu schlichten. Tiere bewältigen dies in den meisten Fällen durch Imponiergehabe, Drohungen und Gegendrohungen. Beim Menschen ist Aggression – im Gegensatz zur Gewalttätigkeit – alltäglich. Ein Streit zwischen Nachbarn, in der Familie oder zwischen Autofahrern zeigt die typischen Merkmale der tierischen Aggression, bei der so lange gedroht und gegengedroht wird, bis die Meinungsverschiedenheit beigelegt ist. Das aggressive Imponiergehabe besteht dabei meist aus verbalen Beschimpfungen. Das kann zwar äußerst feindselig sein, aber kein noch so böses Wort schlägt blutige Wunden. Außerdem verfügen wir über ein beeindruckendes Arsenal von bedrohlichen

Gesichtsausdrücken und Gebärden, mit deren Hilfe wir Rivalen ohne Blutvergießen einschüchtern können.«[5]
Gehen wir noch kurz auf das Faible des Mannes für Fußball und auf seine sexuellen Wünsche und Träume ein. Fußball fasziniert viele Männer wohl auch deshalb so sehr, weil hier eine Ähnlichkeit mit dem so genannten Krieg der Spermien besteht. Betrachten wir einmal, was nach dem Samenerguss passiert. Ein Mann hat zwei Arten von Samenzellen. Man könnte sie als »Stürmer« und »Verteidiger« bezeichnen. Die Stürmer sind die Zellen, die sofort losstürmen, um in das Ei einzudringen (in der Fußballsprache: um ins Tor zu schießen). Die Verteidiger aber bleiben zurück und bilden eine Barriere, um die Angreifer der Samenzellen eines etwaigen Konkurrenten abzuwehren (in der Fußballsprache: um Tore zu verhindern).

Und seine Vorliebe für sexuelle »Schweinereien«? Auch diese sind ein ganz normaler Bestandteil der männlichen Natur und berechtigen nicht zu Empörung und Aufregung, denn auch die Frauen hätten – wenn sie nicht durch die alte Sexualmoral verbogen worden wären – allerhand »Unsittliches« im Kopf. Wir werden später auf dieses Phänomen noch etwas ausführlicher eingehen.

Es ist für einen Mann kontraindiziert, sich zu outen, solange seine Freundin oder Ehefrau die Natur des Mannes in ihrem wirklichen Sosein ablehnt. Außerdem besteht die Gefahr, dass er in Bezug auf das Gefühlezeigen in eine Konkurrenzsituation mit ihr treten würde, die für sie ungewohnt ist und ihre tradierte Frauenrolle infrage stellt oder dass sie sich als Richterin aufspielt, die die geäußerten – ihrer Ansicht nach unedlen – männlichen Gefühle verurteilt. Hinzu kommt: Wenn er zum Ausdruck bringt, wie er wirklich fühlt und denkt, hat seine Partnerin keine Projektionsmöglichkeiten mehr.

Sie würde erkennen, dass er völlig anders ist als ihr Traumbild von einem Mann, und hätte das Gefühl, er wäre der falsche Partner. Indem er aber seine seelische Eigenart bzw. seine Identität nicht zeigt und so tut, als wäre er nach den Maßstäben der Frau ein moralisch hoch stehender Mensch, kann sie weiter in der Illusion leben, er wäre der einzig Richtige für sie, der Mann, der für sie bestimmt ist. »Er ist halt etwas verschlossen – aber das haben ja die meisten Männer leider so an sich.«

3. Höhere Schulen vermitteln brauchbares Wissen bzw. echte Bildung.

Man dachte, je mehr Frauen über eine höhere Bildung verfügten, desto mehr Frauen kämen an die Hebel der Macht. Inzwischen haben von den 20- bis 25-Jährigen 32,3 Prozent der Frauen, aber nur 28,3 Prozent der Männer einen Hoch- oder Fachhochschulabschluss. Frauen mit Abitur sind in der Mittel- und Oberschicht schon Normalität.

Doch man stellte die traditionelle Bildung als solche praktisch nie infrage. Dabei übte schon Hermann Hesse scharfe Kritik an der Schule: »An mir hat die Schule viel kaputtgemacht, und ich kenne nicht wenige bedeutende Persönlichlichkeiten, denen es ähnlich ging. Gelernt habe ich dort nur Latein und Lügen.«

Der Übertritt ins Gymnasium, das bedeutet: »Auf die Plätze, fertig, los!« Wer ist am schnellsten imstande, all seine natürlichen Empfindungen und Regungen, all sein schöpferisches Potential, seine kreativen und revolutionären Gedanken zu verdrängen und nur noch ein Ersatzleben zu führen, in dem die hohen Leistungsanforderungen der Schule im Vordergrund stehen. Die Noten in Latein oder Mathematik werden zum Stimmungsbarometer für die gesamte Familie. Der Gymnasiast verkauft seine Seele für gute Noten und tut alles, um den von seinen Eltern und Lehrern so sehnsüchtig gewünschten Top-Abschluss »Abitur« zu erreichen.

Das Abitur besagt jedoch lediglich, dass es dem Schüler gelungen ist, sich neun Jahre lang erfolgreich zu verleugnen und dass er dadurch reif geworden ist für die Welt der Kollektivneurose. Dass die Inhalte dieser Art von Bildung für das spätere Leben kaum von Bedeutung sind, wird durch eine Untersuchung klar, bei der festgestellt wurde, dass die meisten Menschen bereits drei Jahre nach dem Abitur bzw. der Matura fast all das Gelernte wieder vergessen haben. Insofern ist die konventionelle Bildung zu einem Prestigeobjekt verkommen, beinhaltet kaum irgendwelchen praktischen Nutzen und kann keinesfalls als Hilfsmittel zur Bewältigung von individuellen und kollektiven Problemen fungieren. Kurzum, das erlernte Wissen passt nicht zu den Aufgaben und Zielen des einzelnen Menschen, passt nicht zu seinem Leben hier und heute und auch nicht zu den zentralen Aufgaben und Zielen der Menschheit zu Beginn des 21. Jahrhunderts.

4. **Die Männer können sich im Arbeitsprozess verwirklichen, während Frauen davon weitgehend ausgeschlossen sind.**
Früher klagten viele Frauen, sie seien als Hausfrau und Mutter vom Leben ausgespart, das Leben mit seinen bunt schillernden Farben würde an ihnen vorbeilaufen, während die Männer sich in ihren Berufen verwirklichen könnten. Sie setzten Arbeit mit Selbstverwirklichung gleich.
Heute verfügen immer mehr Frauen über eigene jahrelange Erfahrungen im Berufsfeld. Es wird ihnen bewusst, dass die Männer meist geflunkert haben, wenn sie ihre Tätigkeit im Licht der Intelligenz und im Zauber der Erfüllung geschildert haben. Es wird ihnen klar, dass die Männer nur aufgrund eines biologisch angelegten Werberituals so tun mussten, als ob sie in ihrem Arbeitsbereich über große Macht verfügten, um damit – so die unbe-

wusste Intention – bei den Frauen als »gute Partie« zu gelten.

Die Wirklichkeit ist jedoch oft sehr ernüchternd. Nur wenige Männer und nur wenige Frauen haben eine Machtposition inne, aufgrund derer sie befugt sind, größere Entscheidungen zu treffen und noch weniger können von sich behaupten, in ihrem Arbeitsfeld tatsächlich ihr Selbst verwirklichen zu können.

5. Jeder Mensch muss zu einer Ganzheit werden.

Durch die Alternativ- und Feminismus-Szene geistert die Devise, man dürfe nicht nur in seinem jeweiligen Geschlechtspol bleiben, sondern müsse zu einer Ganzheit werden, zu einem androgynen Menschen, der männliche und weibliche Anteile gleichermaßen in sich vereinigt.

Dieses Ziel – so lautet die Botschaft – könne nur erreicht werden, wenn der Mann die weiblichen Anteile, die in ihm angelegt sind, ausbildet und die Frau auch ihre männlichen Anlagen auszuleben versteht. Doch kein Mann kann seine weiblichen Anteile dadurch integrieren, dass er Kartoffeln schält, kocht, bäckt, brät, strickt, häkelt, wäscht, putzt, abspült, abtrocknet, Windeln wechselt, die Kinder versorgt und betreut und womöglich irgendwann wie eine Frau zu fühlen und zu denken beginnt. Auf diese Weise wird er allenfalls zu einer Karikatur einer Frau.

Kurz vor der Jahrtausendwende, im Jahre 1999, wollte die Partei der Grünen die Männer sogar per Gesetz verpflichten, sich an der Hausarbeit zu beteiligen. Der »Gleichstellungsplan« der Grünen sah eine Änderung des Paragraphen 1356 des Bürgerlichen Gesetzbuches vor. Statt des Satzes »Ist die Haushaltführung einem Ehegatten überlassen, so leitet dieser den Haushalt in eigener Verantwortung« sollte es künftig heißen: »Die Haushaltführung ist partnerschaftlich zu regeln.«

Eine Sprecherin der Grünen sagte: »Es ist traurig, dass

man so etwas heutzutage noch regeln muss, aber wir brauchen endlich ein modernes Leitbild«.

Viele glauben, die Frau könne ihre männlichen Anteile verwirklichen, indem sie in die Männerdomäne einbricht, Karriere macht, Machtposten übernimmt, knallhart verhandelt, ihre Ellenbogen gebraucht, Pionierarbeit leistet, an der Börse spekuliert, Immobilien kauft und verkauft, Projekte durchzieht, Erfindungen macht und sich in der Außenwelt wie ein Mann durchsetzt.

Frauen werden Kfz-Mechanikerinnen, Kranführerinnen und Ingenieure. Sie spielen inzwischen Fußball, ringen und üben den Boxsport aus.

Am 11.1.2000 hat der Europäische Gerichtshof in Luxemburg entschieden: Frauen dürfen in der Bundeswehr auch Dienst mit der Waffe leisten. Damit ist die letzte Männerbastion gefallen. Frauen in Kampfanzügen, mit dem Gewehr im Anschlag, als Pilotinnen in Kampfjets, als Richtschützen in Leopard-Panzern gehören bald zum normalen Bild der Bundeswehr.

Doch was ist das für eine Form von Emanzipation, wenn Frauen auf Biegen und Brechen versuchen, auf allen Lebensfeldern Männer zu imitieren. Was hat Imitation mit Emanzipation zu tun? Warum glauben Frauen, nur dann emanzipiert zu sein, wenn sie die Gebiete, auf denen sie von Natur aus stark sind, viel stärker als jeder Mann, verlassen und wenn sie ausgerechnet in Gebiete eindringen, auf denen Männer aufgrund ihrer Konstitution und ihrer Genetik von der Natur besser ausgerüstet wurden?

Warum sollte eine Frau bereitwillig ihre ureigene Macht und Stärke aus der Hand geben, um auf den Feldern der Männerwelt mit Männern zu konkurrieren?

Warum soll die Emanzipation der Frau primär auf dem Wege einer Maskulinisierung stattfinden?

Wäre es nicht besser, die Frau würde sich als Frau emanzipieren?

In fast allen Erfolgsseminaren wird den Teilnehmern immer wieder eingehämmert, dass die Grundbedingung eines jeden Erfolgs darin liegt, sich der eigenen Stärken bewusst zu werden und diese systematisch auszubauen.

Bei der Pseudo-Emanzipation geht man – im Widerspruch zu den Gesetzen der Erfolgskybernetik – umgekehrt vor: Man will dort besondere Leistungen erzielen, wo man schwach ist und wo die Natur bestimmte Fähigkeiten nur rudimentär angelegt hat.

Für eine Frau ist es also genauso schwer, mit der Ausrüstung, die ihr die Natur mitgegeben hat, in der Männerwelt die Männer zu überflügeln wie umgekehrt für einen Mann, in der Frauenwelt bestehen zu können. Es hat sich gezeigt, dass insbesondere diejenigen fanatische Anhänger der Ideologie der Ganzheit sind, die Schwierigkeiten haben, ihr eigenes Geschlecht zu bejahen und in ihrem Mannsein bzw. Frausein geschwächt sind.

Manchmal hat es den Anschein, als ob vielfach die Bedeutung des Wortes androgyn nicht bekannt wäre. Ein Androgyner ist laut Duden ein Zwitter, ein männliches Lebewesen, dessen unvollkommen ausgebildete äußere Geschlechtsmerkmale denen eines weiblichen Lebewesens gleichen, bzw. ein Mannweib.

Eine wichtige Frage ist, ob eine totale Integration von gegengeschlechtlichen Anteilen überhaupt erstrebenswert ist.

Wie soll eine Frau, die einen Haushalt zu führen hat, eine Wohnung schön und sauber halten will, zwei Kinder versorgen muss, eine heißblütige Geliebte ist, die auf ihren Körper achtet und auf eine gepflegte Erscheinung Wert legt, sowie sich darüber hinaus geistig weiterentwickeln möchte, zusätzlich und gleichzeitig noch Karriere machen und all die Aufgaben erledigen, die in der Regel von Männern getätigt werden? Wie soll ein Mann beruflich erfolgreich werden und seine sonstigen Aufgaben gut und effizient durchführen, wenn er dann auch noch für Hausarbeit und Kindererziehung zuständig ist?

All dies ist ein Ding der Unmöglichkeit – der Tag hat nur 24 Stunden und dabei sind 8 Stunden für den Schlaf abzuziehen, verbleiben also nur noch 16 Stunden.

Wenn jemand einem Fulltimejob nachgeht, ist er gewöhnlich von 8 bis 18 Uhr außer Haus. Wie soll er da in den wenigen restlichen Abendstunden noch gegengeschlechtliche Anteile integrieren? Er muss froh sein, wenn er seine eigenen geschlechtsspezifischen Aufgaben einigermaßen gut erfüllen kann.

Die US-Wissenschaftlerin Alice D. Domar von der Harvard-Universität fand heraus, dass für ganztägig berufstätige Frauen der wahre Stress erst nach Feierabend beginnt. Am schlimmsten ist die Zeit zwischen 17 und 21 Uhr, unabhängig davon, wie anstrengend der Arbeitstag auch gewesen sein mag. Denn dann geht es erst richtig los. Plötzlich muss sie eine Wandlung vollziehen, z.B. zur Mutter, die ihr Kind pünktlich vom Kindergarten oder vom Hort abholen muss. Außerdem ist noch schnell im Supermarkt einiges für das Abendessen einzukaufen. Anschließend muss sie zu Hause kochen. Daneben muss sie sich noch um die Wäsche kümmern. Und sie muss ein offenes Ohr für die Erzählungen ihres Kindes haben. Die üblichen Folgen der ungesunden Hektik und des Feierabendstresses: Herz- und Kreislauf-Störungen, Kopf- und Rückenschmerzen, Magenbeschwerden und Schlaflosigkeit und last, not least wird auch noch das Immunsystem geschwächt.

Selbst wenn jemand aufgrund glücklicher Umstände – sei es durch eine Erbschaft oder durch einen Lottogewinn – nicht arbeiten müsste und den ganzen Tag zur freien Verfügung hätte – es würde immer nur reichen für die Aufgaben des eigenen Geschlechts. Das ist auch von der Natur so gewollt:

Jeder kann nur eine Ganzheit als Mann oder eine Ganzheit als Frau werden, aber niemals eine Ganzheit in einer körperlichen, seelischen oder geistigen Androgynie.

So wie von der Natur die Geschlechtsorgane des Mannes und der Frau aufeinander abgestimmt sind, so sind auch die seelischen und geistigen Anlagen und die damit verbundenen Aufgaben aufeinander bezogen. Sie passen wie Schlüssel und Schloss zueinander.

Versucht einer der beiden, alle Aufgaben – männliche wie weibliche – allein zu übernehmen, kommt es fast immer zu einer Überforderung. Manches kann nur ganz schnell oder nur provisorisch erledigt werden, meist leidet die Qualität.

Abschließend sei noch darauf hingewiesen, dass Fühlen nicht primär eine weibliche und Durchsetzung nicht primär eine männliche Angelegenheit ist. Vielmehr scheint es so zu sein, dass es ein männliches und ein weibliches Fühlen gibt und eine männliche und eine weibliche Art der Durchsetzung. Ein Mann kann nur dann wie eine Frau fühlen, wenn er sein eigenes Geschlecht verleugnet und verrät. Und würde eine Frau sich wie ein Mann durchsetzen, würde sie immer mehr an Weiblichkeit verlieren und schließlich zu einem »Mannweib« werden, was unweigerlich mit einer Minimierung der Chancen beim männlichen Geschlecht verbunden ist.

Fazit: Es ist besser, ein ganzer Mann bzw. eine ganze Frau zu sein, als eine Ganzheit, die aus Halbheiten besteht.

Pseudo-Emanzipation und echte Emanzipation

Echte Emanzipation bedeutet: sich aus Abhängigkeitsverhältnissen zu befreien, unabhängiger zu werden, mündig zu werden, mehr Gleichberechtigung zu erlangen, aber auch in gleicher Weise Pflichten zu übernehmen und Verantwortung zu tragen.

Aufgrund dieser Definition wird evident, dass sich nicht nur Frauen aus der Abhängigkeit zu befreien haben, sondern dass alle Unterdrückten dieser Welt mündiger werden müssen – die Völker der Dritten Welt, die Patienten, die Klienten, die Mieter, die Arbeitnehmer und nicht zuletzt auch die Männer selbst.

Damit Freiheit und Unabhängigkeit auch in den Menschen etwas Gewachsenes und nicht etwas Aufgesetztes ist, müssen vorher verschiedene Entwicklungsprozesse durchlaufen werden.

Folgende Fähigkeiten gilt es hierbei zu erlernen:

Durchsetzungsfähigkeit, die Fähigkeit zu Initiative und Wagemut, wirtschaftliche Fähigkeiten, die Fähigkeit, Informationen einzuholen und zu verarbeiten, die Kommunikationsfähigkeit, das Einfühlungsvermögen, die Handlungsfähigkeit, die Organisationsfähigkeit, Managementfähigkeiten, die Fähigkeit zu Selbständigkeit, analytische Fähigkeiten, die Fähigkeit, eigene Ideen zu entwickeln, die Fähigkeit, Konzepte zu entwerfen und weiterzuentwickeln, die Konzentrationsfähigkeit, die Fähigkeit, eigene Ziele zu formulieren und zu verwirklichen, die Fähigkeit, seine Rechte und

Pflichten zu erkennen, die Fähigkeit, Verantwortung zu übernehmen ...

Ohne die Ausbildung dieser Fähigkeiten besteht die Gefahr, dass man sich im Emanzipationsprozess auf Irrwege begibt, die häufig eine Verschlimmerung der Lage bewirken:

Man baut – in Unkenntnis der psychischen Projektionsmechanismen – Feindbilder auf, kämpft z.B. als Frau gegen Männer, verweigert die bisherige Rolle, wiederholt ständig die Trotzphase, lehnt sich auf oder zieht sich in die eigenen vier Wände zurück, wird verbittert und einsam. Leider sind diese ungünstigen Reaktionsweisen weiter verbreitet als die Ausbildung der oben genannten Fähigkeiten.

Doch zurück speziell zur Emanzipation der Frau.

Warum ist die Emanzipation der Frau größtenteils gescheitert?

1. Es vollzog sich nur eine symbolische Befreiung.

Das Bedürfnis der Frauen, sich zu befreien, nutzten Industrie und Wirtschaft. Sie nahmen Einfluss darauf, auf welche Art und Weise die Befreiung stattfinden sollte. Das natürliche Befreiungsbedürfnis der Frauen wurde durch künstlich geschaffene Bedürfnisse ersetzt, deren Befriedigung ihr vortäuschte, sie wäre tatsächlich freier und unabhängiger geworden.

So reagierten z.B. Tabak-, Spirituosen- und Automobilindustrie blitzschnell und propagierten die emanzipierte, Zigarette rauchende, Whisky trinkende und Rallye fahrende Frau. Man produzierte spezielle Damenzigaretten (»Für Männerhände viel zu chic!«), spezielle Damenliköre und suggerierte Frauen die Notwendigkeit eines eigenen Autos – passend zum eigenen Typ und chic zum Shopping und für Kaffeefahrten.

Auf diese Weise gerieten viele Frauen von einer Abhängigkeit in eine andere. Zuerst waren sie von den Männern abhängig, danach häufig von Suchtmitteln wie Nikotin und Alkohol.

Die meisten Frauen erkannten nicht, dass sie nur ein neurotisches »männliches« Verhalten kopierten, das nichts mit einer natürlichen Männlichkeit zu tun hatte.

2. **Das Karrierestreben entspricht nicht der weiblichen Natur.**

Es fällt den meisten Frauen nicht schwer, auf Karriere und beruflichen Erfolg zu verzichten.

Frauen sind nicht deshalb seltener in führenden Positionen anzutreffen, weil sie daran gehindert werden, Karriere zu machen, sondern weil sie üblicherweise gar nicht genügend Ehrgeiz entwickeln, der nötig ist, um dorthin zu gelangen.

Die Frau ist körperlich, seelisch und geistig weniger auf Rivalität, Kampf, Macht und Streben nach Ruhm und Ehre ausgerichtet als der Mann. Sie braucht ihre Familie nicht vor äußeren Gefahren zu schützen und nicht für sie »auf die Jagd« zu gehen. Außerdem muss sie im Gegensatz zum Mann dem anderen Geschlecht nicht durch eine Machtposition imponieren.

An diesen Gegebenheiten kann auch eine Quotenregelung nichts ändern. Obwohl heute bereits eine Umkehrung der Situation zu verzeichnen ist und Frauen bei gleicher Qualifikation meist mehr Chancen für einen beruflichen Aufstieg haben als Männer, wollen nur wenige Frauen diesen Weg beschreiten. Auf der politischen Bühne ist es ohne weiteres möglich, dass eine Frau, die sich entsprechend informiert und engagiert, innerhalb weniger Jahre Mitglied des Deutschen Bundestages wird.

Ein weiterer Punkt ist, dass viele Frauen im Falle einer beruflichen Karriere nur die Abhängigkeit vom Ehemann mit der Abhängigkeit vom Arbeitgeber oder Chef vertauschen.

Hinzu kommt, dass unter den meisten Arbeitsbedingungen nur wenig persönliche Entwicklung möglich ist.
Da hätte sie als Hausfrau mehr Gelegenheiten nachzudenken, neue Ideen zu entwickeln, zu lesen, Kurse zu besuchen, sich mit anderen Menschen auszutauschen. Das eigene Einkommen ist zwar ein entscheidender Schritt nach vorn, aber noch kein Beweis für tatsächliche Mündigkeit.

3. **Verweigerung ist keine Alternative**
Viele Frauen weigern sich, weiterhin die traditionelle Frauenrolle zu übernehmen, ohne aber dafür etwas anderes anzubieten.
Sie versuchen, die Vorteile des Patriarchats mit den Vorteilen der Emanzipation zu verbinden, ohne irgendwelche Nachteile in Kauf nehmen zu müssen. Sie wollen Geborgenheit erleben und dennoch frei sein. Sie wollen nicht mehr den Haushalt führen und dennoch materiell und finanziell versorgt werden.
Fast nur noch die Frauen der älteren Generation beherrschen die Kunst des Kochens und Backens. Sie backen die Weihnachtsplätzchen, den Christstollen, den Osterfladen, die Schwarzwälder Kirschtorte ... Wenn diese Generation ausgestorben ist, gibt es diese Dinge wohl nur noch in Geschäften zu kaufen.
Die neue Regel, die insbesondere in der Mittelschicht zum Tragen kommt, heißt: Das, was die Frau in ihrem Beruf verdient, gehört ihr, das was der Mann verdient, wird geteilt.
Bei den Pflichten ist es umgekehrt: Alle Pflichten des Mannes bleiben weiter wie eh und je bestehen, die Pflichten der Frau aber werden geteilt oder auf andere Menschen übertragen – auf den Mann, auf die Reinemachefrau oder auf die Köche in den Restaurants.

4. **Nach wie vor wird der Eros ausgeklammert.**
Die Urgroßmutter, die Großmutter, die Mutter haben die Erotik stiefmütterlich behandelt, und die Tochter hat ebenfalls keine Freude daran, ihrem Freund oder Ehemann erotische Freuden zu bereiten und dabei alle fünf Sinne einzubeziehen.

Die typische »Emanze« hält nichts von Verführungskunst und Verführungstaktik.

Sie versucht nicht, eine sinnliche Atmosphäre zu schaffen oder sich gar reizvoll zu kleiden. Im Gegenteil! Man hat den Eindruck, dass sie sich absichtlich in ein hässliches Wesen verwandelt. Sie wirft Lippenstift und Stöckelschuhe in den Kehricht, trägt lange Kleider im Burgfräuleinstil oder weite Hosen und Pullover in Übergröße. Sie will auch hier dem Mann nichts geben. Damit verdrängt sie nach dem mütterlichen Anteil auch den erotischen Part ihrer Weiblichkeit.

Sie will das Programm der Natur verändern und den Mann dazu bringen, dass er an langen Beinen, an einem schönen Busen und an einem knackigen Po kein Interesse mehr zeigt – ein aussichtsloses Unterfangen.

Da die alte Sexualmoral, die die Frauen an einem genussvollen Ausleben von Sexualität und Erotik gehindert hat, kaum infrage gestellt wurde, blieben sowohl unemanzipierte als auch emanzipierte Frauen in der Romantikfalle stecken. Das bedeutet, dass viele Frauen nur das Eine wollen, nämlich das Klischee von der Hollywood-Liebe. Über Liebesromane und Liebesfilme gelingt es ihnen, dem grauen Alltag zu entfliehen. Die Hamburger Autorin Regina Müller hat mit dem Titel ihres Buches »Für mich soll's rote Rosen regnen« das Phänomen auf den Punkt gebracht.

Fazit: Die echt emanzipierte Frau stellt für den Mann eine Bereicherung dar, während die pseudo-emanzipierte für ihn nur eine permanente Belastung bedeutet.

Statt Frau zu bleiben und ihr Frausein weiterzuentwickeln, wurde sie durch die falsche Emanzipation gerade ihrer weiblichen Natur entfremdet. Sie wurde weniger Frau und – auf neurotische Art – mehr Mann.

Doch immer mehr Frauen beginnen zu verstehen, worum es geht. Nämlich zur eigenen Weiblichkeit zu stehen, diese weiterzuentwickeln, d.h. deren mütterliche Aspekte wie Einfühlungsvermögen, seelische Wärme und Liebe, Fürsorge, Hege und Pflege, pädagogische Fähigkeiten, soziales Engagement, Verbundenheit mit dem Natürlichen und Lebendigen zu stärken und deren erotische Aspekte durch ihre Fähigkeit, Schönheit und Ästhetik in Bezug auf Nahrung, Kleidung und Wohnung zu schaffen, und durch ihre Fähigkeit, paradiesische Freuden und Wonnen zu schenken, zu fördern.

Es geht darum, dass die Frau all diese wertvollen weiblichen Eigenschaften, Talente und Fähigkeiten ausbildet und ihre Weiblichkeit zur Blüte bringt, also ein richtiges »Weibsbild« wird, statt sich im Kampf gegen die eigene Natur aufzureiben.

»Die Natur erfreut sich der Natur.
Die Natur besiegt die Natur.
Die Natur beherrscht die Natur.«
(Ostanes)

Das Naturprogramm

Jede Ideologie ist auf Defizite im Persönlichkeitssystem ihrer Anhänger zurückzuführen.

Im Supermarkt der Ideologien sucht sich jeder diejenige aus, die seine seelische Wunde (seinen Mangel, seine Schwäche) am besten zu schützen vermag.

So schützt sich z.B. derjenige, der fanatisch für den Kommunismus eintritt, davor, dass seine mangelnden wirtschaftlichen Fähigkeiten und sein Defizit im Management und in unternehmerischen Fähigkeiten offen zu Tage tritt.

Hätte er diese Fähigkeiten ausgebildet, hätte er ein völlig anderes Denken.

Ähnlich verhält es sich auch bei der Ideologie des Feminismus. Vertritt eine Frau fanatisch diese Ideologie, ist anzunehmen, dass sie im Leben bisher zu kurz gekommen ist, sich nicht genug behaupten kann oder sich von den Männern zu wenig angenommen fühlt. Über den Feminismus ist es möglich, von eigenen Defiziten abzulenken und den Männern oder ganz einfach dem Patriarchat die Schuld in die Schuhe zu schieben. Auch der Feminismus fungiert also als Schutz, um die Ursache nicht bei sich selbst suchen zu müssen, sondern andere dafür verantwortlich zu machen, dass es einem nicht so gut geht, wie man es sich vorstellt. Und damit sind wir bei einem ganz entscheidenden Punkt.

Ideologien sind anscheinend für all diejenigen da, die es selbst – aus welchen Gründen auch immer – nicht schaffen, ihr Leben so einzurichten, wie sie es brauchen, wie es für sie passend ist.

Anstatt bei sich selbst zu beginnen und die entsprechenden Fähigkeiten auszubilden, damit sich die eigenen Probleme auflösen, kämpft man für die Ideologie, dafür, dass die Welt in der Zukunft so sein wird, wie man sie sich idealerweise vorstellt. Erst dann, wenn alle Frauen gleichberechtigt sind, wenn eine große Anzahl von Frauen an den Hebeln der Macht sitzt, wenn eine Frau US-Präsidentin oder Päpstin ist, ja dann – so glaubt man – lässt es sich leicht leben, dann erst macht auch das Leben als Frau Spaß.

Da man nicht auf diesen Tag warten kann, bietet sich eine realistische Strategie an, mit der man bereits hier und heute beginnen und mit der man verhältnismäßig schnell positive Ergebnisse erzielen kann:

Es ist die Rückbesinnung auf das Weibliche, auf das, was die eigene Weiblichkeit eigentlich ausmacht.

Da sich das Naturprogramm weder auf Dauer verdrängen und auch nicht – wie die Feministinnen es wollen – im Kern verändern lässt, ist es besser, sich dieses Naturprogramms bewusst zu werden, es für sich zu nutzen und es Schritt für Schritt zu *verfeinern*, d.h. besser und ästhetischer zu essen, besser und ästhetischer zu wohnen, sich besser und ästhetischer zu kleiden, eine bessere und ästhetischere erotische Atmosphäre zu schaffen – besser und ästhetischer als dies der Urmensch vermochte.

Wie war es damals zu prähistorischen Zeiten?

Der Urmann hat zunächst eine Hütte gebaut oder eine Höhle gesucht und hat damit sowie mit seiner Stärke und Kraft um eine Urfrau geworben. Wenn sie den Eindruck hatte, er sei fähig, sie und ihre »Brut« durchzubringen, gab sie sich ihm hin und zog in sein »Domizil«. Dort versuchte sie etwas »Gemütlichkeit« hineinzubringen, damit sie selbst und die anderen Familienmitglieder sich geborgen fühlen konnten. Sie sammelte Beeren und Früchte und hatte somit einen viel kleineren Aktionsradius als ihr Mann, der zusammen mit anderen Stammesangehörigen oft tagelang auf der Jagd unterwegs war und Beutetiere nach Hause brachte. Männer waren primär für die Beschaffung der Hauptnahrungsmittel zuständig, ihre Frauen hingegen für die Zutaten und Beilagen sowie für die Nahrungszubereitung.

Der Mann hatte für den Schutz der Frau und der Kinder zu sorgen, während ihr die Pflege des Nachwuchses oblag.

Erst später, als der tägliche Existenzkampf durch die fortschreitende Zivilisierung wegfiel, konnten auch die angelegten geistigen Anlagen schneller weiterentwickelt und differenziert werden. Die Natur hat also quasi in einem Urprogramm geschlechtsspezifische Anlagen und Fähigkeiten im Mann und in der Frau angelegt, die sich gegenseitig ergänzen und in ihrer Kombination das Überleben optimal gewährleisten. Diese Anlagen und Talente werden für die Erfüllung der sechs Aufgaben eingesetzt, die für ein harmonisches Zusammenleben als Paar erforderlich sind.

Die Natur ist neutral, sie bevorzugt oder benachteiligt daher kein Geschlecht. Jeder Mann hat sechs Aufgaben. Jede Frau hat sechs Aufgaben. Jeder der beiden Partner hat sie auf geschlechtsspezifische Art und Weise einzulösen.

Die sechs Aufgaben des Mannes und der Frau

	Die Aufgaben des Mannes	Die Aufgaben der Frau
Aufgabe 1:	Nahrungsbeschaffung	Nahrungszubereitung
Aufgabe 2:	Wohnraumbeschaffung	Einrichten und Gestalten des Wohnraums
Aufgabe 3:	Schutz der Frau und der Kinder; seelische Wärme für Kinder und Frau	Aufziehen des Nachwuchses; Schaffen von Geborgenheit für die Kinder und den Mann
Aufgabe 4:	guter Liebhaber	leidenschaftliche Geliebte
Aufgabe 5:	Werbung auf männliche Art	Werbung auf weibliche Art
Aufgabe 6:	geistige Weiterentwicklung	geistige Weiterentwicklung

Viele werden nun einwenden, dass sich der Mensch im Gegensatz zu den Tieren von seiner biologischen Programmierung lösen könne. Sie sind überzeugt, den biologischen Imperativen nicht mehr unterworfen zu sein. Desmond Morris schreibt hierzu: »Wir sähen uns gerne als gefallene Engel, aber in Wahrheit sind wir Affen, die sich irgendwann im Verlauf ihrer evolutionären Entwicklung auf die Hinterbeine stellten, zu sprechen begannen und als zwanghaft neugierige und pausenlos schwatzende Kreaturen über den Erdball schritten und alles Land unter ihren Füßen vereinnahmten. Die Verhaltensstrukturen des Menschen sind genetisch vorbestimmt und zeigen große Ähnlichkeit mit denen anderer Tierarten, was nicht verwundert angesichts der Tatsache, dass das Erbgut des Menschen zu über 98 Prozent mit dem seiner nächsten Verwandten, den Schimpansen, übereinstimmt.

Der Mensch ist allerdings einzigartig in der erweiterten und verfeinerten Anwendung dieser Verhaltensgrundmuster – oder in ihrer Unterdrückung, mit teilweise verheerenden Folgen.«[5]

Fassen wir zusammen:

Bei der Emanzipation der Frau ist einiges schief gelaufen. Die Emanzipation war notwendig, weil das »Heimchen am Herd« der fünfziger und sechziger Jahre des vergangenen Jahrhunderts einfach zu naiv und unbedarft war, um im Leben bestehen zu können. Außerdem hatten Männer nicht viel Freude an einer solchen Frau, weil sie sexuell zu wenig lebendig und eine Unterhaltung mit ihr gewöhnlich nur auf trivialer Ebene möglich war.

Echte Emanzipation heißt selbständig fühlen und denken, mündig werden, einen eigenen Weg als Frau gehen, eigene Ziele setzen, geistig reifer und bewusster das eigene Leben gestalten.

Stattdessen haben andere bestimmt, wie die Emanzipation vonstatten gehen sollte – Industrie und Wirtschaft, die Werbung, die Feministinnen, die Gurus des so genannten Wassermannzeitalters ... Emanzipation war damit gleichbedeutend mit Fremdbestimmung. Viele Frauen hatten sich ein fremdes Gedankengut aufoktroyieren lassen, ein Gedankengut, das fern ihrer eigenen weiblichen Natur ist und das letztendlich mit mehr Stress und Frust verbunden war als das, was sie vorher lebten. Sie waren total verunsichert und orientierungslos, weil sie die alten Muster nicht mehr leben wollten, die neuen aber in der Praxis fast nirgendwo zu funktionieren schienen. Hinzu kam, dass die Verdrängung der weiblichen Natur, die als Emanzipation der Frau gefeiert wurde, auf die Männer Druck ausübte, ihre männliche Natur ebenso zu verdrängen. Doch die dadurch bedingte Feminisierung des Mannes verunsicherte erneut die Frauen, weil sie merkten, dass sie mit einem »Softie« nicht viel anfangen konnten. Sie sehnten sich wieder nach einer starken Hand und fuhren deshalb des Öfteren in den Süden, um sich dort genau in den Typus von Mann zu verlieben, mit dem sie vorher in der Heimat nichts zu tun haben wollten.

Man muss es mit aller Deutlichkeit sagen:

Die feministisch orientierte Frau ist die Verliererin im Geschlechterkampf. Nicht etwa weil die Männer gewonnen hätten – beileibe nicht, sie sind ebenso Opfer dieses naturfremden Gedankenguts geworden, sondern weil ihre Gesundheit, ihre Lebenskraft, ihre Lebensqualität und ihre eigene Weiblichkeit und die damit verbundene Verwirklichung auf der Strecke blieben.

Sie kann die Kettenreaktionen, die durch die Fremdbestimmung verbunden waren, nicht mehr überblicken. Es ist kaum mehr möglich, all die vielen Symptome zu beseitigen, die durch die falsche Form der Emanzipation hervorgerufen wurden und immer noch werden.

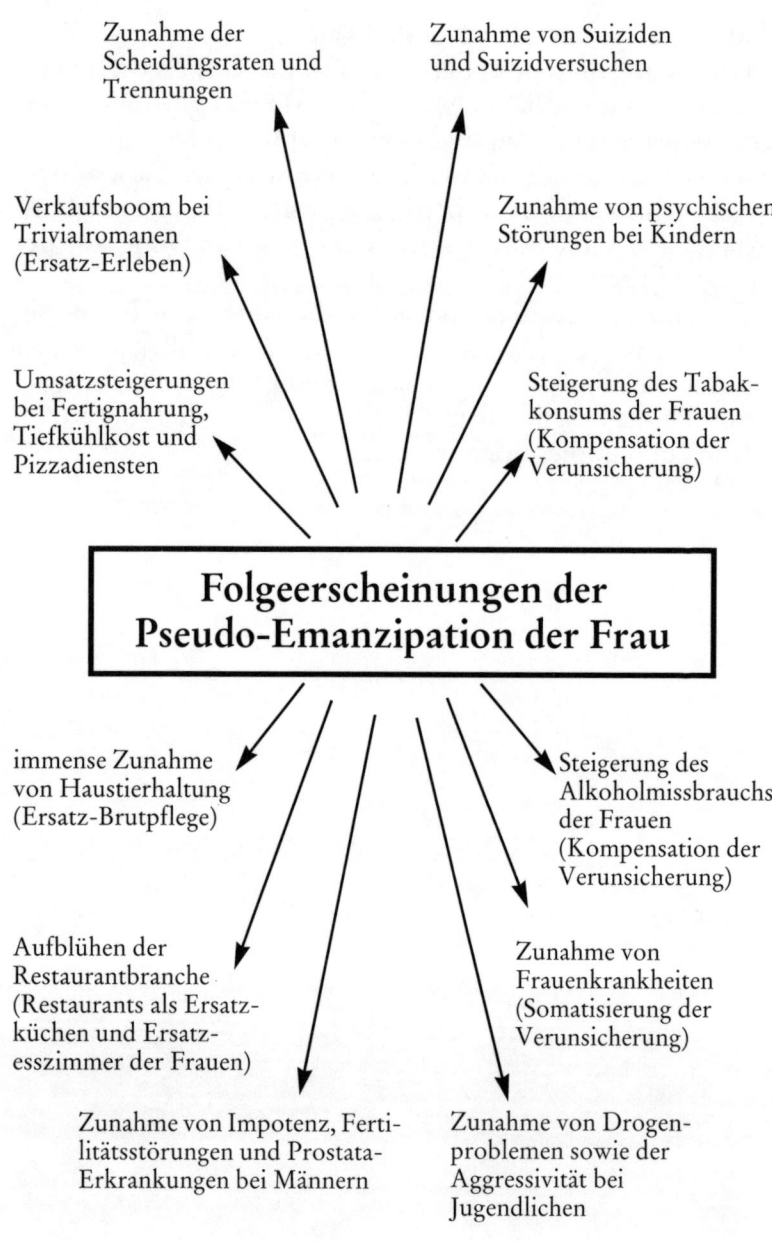

Zunahme der
Scheidungsraten und
Trennungen

Zunahme von Suiziden
und Suizidversuchen

Verkaufsboom bei
Trivialromanen
(Ersatz-Erleben)

Zunahme von psychischen
Störungen bei Kindern

Umsatzsteigerungen
bei Fertignahrung,
Tiefkühlkost und
Pizzadiensten

Steigerung des Tabak-
konsums der Frauen
(Kompensation der
Verunsicherung)

**Folgeerscheinungen der
Pseudo-Emanzipation der Frau**

immense Zunahme
von Haustierhaltung
(Ersatz-Brutpflege)

Steigerung des
Alkoholmissbrauchs
der Frauen
(Kompensation der
Verunsicherung)

Aufblühen der
Restaurantbranche
(Restaurants als Ersatz-
küchen und Ersatz-
esszimmer der Frauen)

Zunahme von
Frauenkrankheiten
(Somatisierung der
Verunsicherung)

Zunahme von Impotenz, Ferti-
litätsstörungen und Prostata-
Erkrankungen bei Männern

Zunahme von Drogen-
problemen sowie der
Aggressivität bei
Jugendlichen

Und dennoch: So ungünstig sich die Pseudo-Emanzipation auch auf das Verhältnis zwischen Mann und Frau ausgewirkt haben mag, so hat sie auch ihr Gutes. Durch sie ist nämlich vielen erst klar geworden, was echte Emanzipation ausmacht. Jeder, der die Folgen einer falsch verstandenen Emanzipation am eigenen Leib zu spüren bekommen hat, kann nun leichter erkennen, welche Wege in die Irre führen und auf welchen Wegen wirkliche Befreiung erreicht werden kann.

Aufgrund dessen ergeben sich folgende Übersichten:

Die weibliche Rolle im Wandel der Zeit

	Naturprogramm	traditionelle Rolle	Pseudo-Emanzipation	reale Emanzipation
Aufgabe 1	Zubereitung von Nahrung	Kochen nach Überlieferung, ohne besonders auf Qualität zu achten; Auftischen von traditioneller Kost	Antihaltung gegenüber Kochen; Delegation an den Mann und an Köche in Restaurants	Weiterbildung in Ernährung; Zubereitung von hochwertiger, gesunder und schmackhafter Nahrung
Aufgabe 2	Einrichtung der Höhle oder Hütte	Einrichtung mit Spitzendeckchen, Plüsch, Wolkenstores und Schleiflackschlafzimmer; traditionelle Einrichtung	Dogmatisierung des »eigenen« Geschmacks	Weiterbildung in Design, Baubiologie und Feng Shui; Gestaltung einer gemütlichen, schönen Wohnung
Aufgabe 3	Hege und Pflege des Nachwuchses	Verkörperung der Übermutter den Kindern gegenüber	Antihaltung gegenüber Säuglingspflege und Kinderbetreuung; Halten von Hund oder Katze als Kindersatz	Weiterbildung in Pädagogik und Psychologie; Schaffen von seelischer Geborgenheit für die Kinder und den Mann
Aufgabe 4	Ursex	Bevorzugung der Missionarsstellung; es geduldig über sich ergehen lassen; keine sexuelle Emanzipation	Antihaltung; Verklärung der romantischen Liebe; Kuschelsex ohne Penetration; keine sexuelle Emanzipation	Weiterbildung in Sexualität; Stärkung der eigenen weiblichen Sexualkraft; sexuelle Emanzipation
Aufgabe 5	Präsentation von weiblichen Reizen	Bevorzugung traditioneller Kleidung (z. B. Tracht); Unterwerfung unter das jeweilige Modediktat	Antihaltung; sich bewusst unweiblich kleiden	Weiterbildung in Verführungskunst und -taktik; Einsatz von weiblicher Raffinesse
Aufgabe 6	geistige Weiterbildung durch Kommunikation	Lesen von Trivialromanen; Kaffeeklatsch	Lesen von männerfeindlicher Literatur; Diskussionen in Frauengruppen	geistige Weiterbildung durch Lesen von Büchern und Besuch von Seminaren; partnerschaftliche Kommunikation

Die männliche Rolle im Wandel der Zeit

	Naturprogramm	traditionelle Rolle	Pseudo-Emanzipation	reale Emanzipation
Aufgabe 1	Nahrungsbeschaffung	Karriere um jeden Preis; Inhalt und Sinn der Arbeit werden nicht hinterfragt (extrinsische Motivation)	Verleugnung der männlichen Natur (Verdrängung von Machtstreben, Aggression, Rivalität); teilweise oder vollständige Übernahme der Hausarbeit	Beruf als Berufung: Beruf entspricht den eigenen Anlagen und Fähigkeiten (intrinsische Motivation)
Aufgabe 2	Wohnraumbeschaffung	unreflektierte Wohnraumbeschaffung, ohne gesundheitliche und ästhetische Gesichtspunkte zu beachten	Verleugnung der männlichen Natur; Gestaltung der Wohnung nach den Wünschen der Frau	Wohnung, die den eigenen Bedürfnissen und den Bedürfnissen der Familie entspricht
Aufgabe 3	Schutz der Frau und der Kinder	autoritäres Gehabe gegenüber Frau und Kindern; Verwechslung von Macht und Schutz	Verleugnung der männlichen Natur; Übernahme der Kinderversorgung und -betreuung	Übernahme von Verantwortung und Bereitschaft zur Problemlösung
Aufgabe 4	sexuelle Potenz	Vollziehen eines Fünfminuten-Koitus, ohne auf die Bedürfnisse der Frau zu achten	Kuschelsex ohne Penetration; Anpassung an die Wünsche der Frau bis zur Selbstaufgabe	Sexualität als Fest; lustvolle Sexualität für beide Partner
Aufgabe 5	Werbung	Demonstration von Statussymbolen; »seriöse«, traditionelle Kleidung	Tragen von Ohrringen, Halskettchen, Zöpfen; Urinieren im Sitzen	Werbung mit authentischen Inhalten und Formen
Aufgabe 6	Austausch von Informationen	Lesen von beruflich relevanter Fachliteratur; Diskussionen am Stammtisch	Lesen von feministischer Literatur; Diskussionen in Männergruppen	Lesen von Büchern verschiedenster Sachgebiete; Besuch von Weiterbildungsveranstaltungen; partnerschaftliche Kommunikation

Die sechs Aufgaben des Naturprogramms und die Zivilisation

Wenn es sich bei den sechs Aufgaben des Mannes und der Frau um ein Naturprogramm handelt, dann müsste sich doch dieses auch in der Zivilisation zwangsläufig immer wieder durchsetzen, wenn auch vielleicht in etwas abgewandelter Form, aber dennoch erkennbar.

Vielleicht können die Männer- und Frauenzeitschriften, die überall erhältlich sind, in dieser Hinsicht Aufschluss geben.

Welche Inhalte vermitteln sie, welche Schwerpunkte werden gesetzt, womit wollen sie ihre potentiellen Leser und Leserinnen faszinieren?

Die Rubriken fast aller Frauenzeitschriften lauten: Mode (Aufgabe 5), Schönheit (Aufgabe 5), Gesundheit und Fitness (Aufgabe 5), Düfte (Aufgabe 5), Liebe und Sex (Aufgabe 4), Kindererziehung (Aufgabe 3), Wohnen (Aufgabe 2), Kochrezepte (Aufgabe 1).

Nehmen wir einmal ein Exemplar der Zeitschrift »Maxi« (5/99) zur Hand und betrachten die Themen:

Mode
Pretty in Pink
Die Kultfarbe der Achtziger ist wieder hip
Am Freitag im Freibad . . .
Knappe Bikinis in aufregenden Farben
Zu bestellen
Ein Lieblingskleid: mal klassisch, mal sexy
Von der Disco auf den Laufsteg
Die absoluten Top ten unserer Modecharts
Stopover in Tobago
Der neue Dschungel-Style beweist: Khaki ist mehr als Farbe und gar nicht uniform

Sauer macht lustig
Modische Highlights in Zitronengelb
Beauty
Gloss-Glanz fürs ganze Gesicht
Der aktuelle Make-up-Trend aus Paris
Bitte ausziehen!
Die besten Tricks für einen flachen Bauch, schlanke Beine und einen sonnigen Teint
Beauty News
Die geheime Kraft der Pflanzen
Naturkosmetik ist trendy

Wohnen
Wo fühlst du dich zu Hause?
Jeden Tag eine andere Stadt oder 30 Jahre die gleiche Stadt Sechs Lebenskonzepte

Medizin
Warten aufs Wunschkind
Ist künstliche Befruchtung die Lösung?

Liebe und Sex
Meint er es wirklich ernst mit mir?
Warum man seinem Glück trauen sollte
Wütend bist du sexy
Von der Lust, sich aggressiv zu lieben

Rezepte
Bistroküche

Während Frauenzeitschriften üblicherweise nach weiblichen Vornamen benannt sind und in der Regel jede davon Beiträge zu allen sechs Aufgaben der Frau enthält, sind Männerzeitschriften meist auf bestimmte männliche Themen bzw. Aufgaben spezialisiert, was sich dann auch in ihren Namen zeigt:

»Capital« (Aufgabe 1), »Der Heimwerker« (Aufgabe 2), »Bauen und Fertighaus« (Aufgabe 2), »Baue selbst« (Aufgabe 2), Auto, Motor, Sport (Aufgabe 5), »Kicker« (Aufgabe 5), »Men's health« (Aufgabe 5), »Penthouse« (Aufgaben 2, 4 und 5), »Playboy« (Aufgaben 4 und 5).

Wir sehen also: Offensichtlich haben sich die Interessen von Männern und Frauen selbst über ganze Epochen hinweg praktisch nicht geändert. Mag sein, dass die eine oder andere Aufgabe mal mehr in den Hintergrund rückte oder je nach Zeitepoche anders akzentuiert wurde, im Wesentlichen aber behauptete sich das menschliche Urprogramm zu jeder Zeit und an jedem Ort.

Die sechs Aufgaben des Mannes

»Ein Mann wird erst durch Leistung ein Mensch, eine Frau durch Geburt.«

Die Aufgabe 1 des Mannes

Die Aufgabe 1 des Mannes umfasst:
Nahrungsbeschaffung (bzw. das Heranschaffen der erforderlichen finanziellen Mittel)
Entwicklung von Ehrgeiz und Zielstrebigkeit
Streben, in der Hierarchie nach oben zu kommen
Entwicklung von Interesse für Management und Erfolg

Dem Mann hat die Natur eine Anlage mitgegeben, die für das Überleben von entscheidender Bedeutung ist: Es ist die Anlage, als Nahrungsbeschaffer zu fungieren. Mit dieser Anlage verbunden sind viele andere Fähigkeiten, die es zu entwickeln gilt, insbesondere die Fähigkeit, durch Ehrgeiz und Machtwillen eine Führungsrolle anzustreben.

War in grauer Vorzeit derjenige ein richtiger Mann, ein Held, der sich durch besondere Stärke und Kraft auszeichnete oder der als Jäger besonders erfolgreich war, so ist heute derjenige besonders geachtet, dem es mehr als anderen gelingt, beruflich in der Machthierarchie nach oben zu klettern oder der aufgrund von Cleverness die finanziellen Mittel erwerben kann, die seiner Familie bessere Existenzgrundlagen sichern.

Ein Mann muss fähig sein, sich und seine Familie zu ernähren. Dies fällt ihm meist dann besonders leicht, wenn es ihm gelingt, aus subalternen Positionen aufzusteigen und Rudelführer zu werden. Um dies zu erreichen, muss er Ehrgeiz entwickeln, lernen, sich informieren, sich weiterbilden, Erfolgs- und Managementseminare besuchen, Leistung bringen, seine

Ellenbogen gebrauchen, sich durchsetzen und behaupten, Rivalen ausschalten ...

Fast jeder Mann möchte eine Führungsposition erreichen, möchte etwas zu sagen haben, möchte anderen Anweisungen erteilen, anderen sagen, wo es langgeht, möchte durch Wissen glänzen, möchte in seiner Firma wenigstens Abteilungsleiter werden, wenn irgendwie möglich noch weiter aufsteigen zum Top-Manager, Direktor, Generaldirektor, zum Big Boss.

Wo auch immer wir hinschauen, wir begegnen diesem hierarchischen Prinzip an allen Ecken und Enden: etwa bei der Beamtenlaufbahn in Form des Sekretärs, des Obersekretärs, des Hauptsekretärs, des Inspektors, Oberinspektors, Amtmanns, Amtrats, Verwaltungsrats, Oberverwaltungsrats und Verwaltungsdirektors; oder etwa beim Militär oder in der freien Wirtschaft. Überall streben Männer wie besessen nach Karriere, Ruhm und Ansehen.

Dieser verbissene Ehrgeiz, dieser unermüdliche Drang, an die Spitze zu kommen, fehlt den meisten Frauen ganz einfach deshalb, weil er von Natur aus nicht in ihnen angelegt ist.

Das ist auch der Grund, warum in den Erfolgs- und Managementseminaren kaum Frauen anzutreffen sind. Viele Frauen möchten zwar einen Top-Posten haben, aber gewöhnlich nicht den harten, beschwerlichen Weg nach oben gehen, sie wollen dafür nicht kämpfen müssen.

Und noch einen wichtigen Faktor darf man hierbei nicht vergessen. Bei Frauen ist das Erreichen von höheren Karrierestufen nicht mit einer Chancenmaximierung beim anderen Geschlecht verbunden.

Beim Mann sieht es in der dieser Hinsicht ganz anders aus. Er weiß, dass die erste Frage der Schwiegermuter in spe lauten wird: »Was ist er von Beruf?« Bei einer Untersuchung des Düsseldorfer Motivforschungs-Institutes Ives-Marketing gaben Männer zwischen 26 und 35 Jahren zu 98 Prozent an, dass sie vor allem nach Erfolg im Beruf suchen. Bei einer tiefenpsychologischen Befragung stellte sich heraus, dass sie den

Berufserfolg insbesondere deshalb anstreben, um bei Frauen besser anzukommen. Männer trachten also im Beruf nach Erfolg, um beim Kampf um die Eroberung eines Geschlechtspartners die Nase vorn zu haben, um ein Lockmittel zu haben, mit dem sie für Frauen attraktiv erscheinen können.

Jeder Mann kämpft auf seine Weise um einen Sex- oder Ehepartner. Die Mittel, die er in unserer Konsum- und Leistungsgesellschaft dafür primär einsetzt, sind neben seinen charakterlichen Qualitäten und seiner körperlichen Attraktivität vor allem berufliches Ansehen und ein hohes Einkommen. Seine finanzielle Potenz soll der Dame seines Herzens signalisieren: »Bei mir bist du und unsere Kinder in guten Händen. Ich kann uns alle ernähren. Bei mir musst du nicht Not leiden. Das Überleben ist gesichert.«

Untersuchungen haben ergeben, dass die größten Chancen beim weiblichen Geschlecht – noch größere als Multimillionäre – die Berufsgruppe der Ärzte und der Rechtsanwälte hat. Dies ist deshalb der Fall, weil mit diesen Berufen ein extrem hohes Sozialprestige verbunden ist und eine Frau durch eine Heirat mit einem Vertreter eines solchen Berufes eine enorme Aufwertung erfährt.

Im Grunde bleibt einem Mann gar nichts anderes übrig, als danach zu streben, eine möglichst hohe Machtposition zu erlangen, weil es nur wenige Frauen gibt, die der Versuchung widerstehen können, einen schwachen, erfolglosen Mann geringschätzig zu behandeln oder gar niederzumachen.

Deshalb ist auch bei dem edlen Gerede der Alternativszene, wonach Männer davon abkommen sollten, danach zu streben, Rudelführer zu werden, große Skepsis angebracht.

Denn wenn ein Mann diesen natürlichen Drang unterdrückt, bedeutet dies, dass er auf Dauer in subalternen Positionen verharren muss, dass er Befehlsempfänger bleibt, dass er im Sinne von anderen funktionieren muss, dass er wenig verdient und viel arbeiten muss und zudem noch in der ubiquitären Kollektivneurose wenig geachtet ist.

Ein Mann ist zum Erfolg verdammt, sonst droht ein Kette von Schicksalsschlägen.

Bei erfolgreichen Männern heißt es jedoch, zwischen echten und unechten Rudelführern zu unterscheiden.

Der Pseudo-Rudelführer sieht vielleicht so ähnlich aus wie ein echter Rudelführer, gewöhnlich trägt er aber eine Spur zu dick auf. Er ist meist overdressed, trumpft mit protzigen Statussymbolen auf, verhält sich übermäßig cool, erteilt seine Anweisungen in der Regel etwas zu laut, ist dauernd auf seine Wirkung bedacht. In seinen Augen flackert die Gier nach Anerkennung und Bewunderung.

Ein echter Rudelführer hingegen hat solche Effekthascherei nicht nötig, weil er ein echtes, gewachsenes Selbstbewusstsein aufweist. Er ist sich seiner selbst sicher, weil er außergewöhnliche Anlagen und Fähigkeiten entwickelt hat, weil er Substanz hat, weil er sich auf dem beruflichen Feld, das er gewählt hat, auszeichnet, weil er informiert ist, weil er über ein umfangreiches Wissen verfügt, kurzum, weil er kompetent ist.

Er setzt sich durch, weil er eine Wissensautorität darstellt, weil er ganz einfach fähiger und besser ist als andere.

In diesem Zusammenhang stellt sich die Frage, ob Machtstreben eher angeboren oder im Sinne von Alfred Adler nur die Kompensation eines Minderwertigkeitsgefühls ist.

Alle Anzeichen sprechen dafür, dass ein solches Streben genetisch angelegt ist, denn welcher Art die Erziehung eines Jungen auch immer sein mag, der Drang zur Macht lässt sich nie vollständig unterdrücken.

Doch es hat den Anschein, dass die Verstärkung, Pervertierung und Überdimensionierung dieser menschlichen Bestrebung das Resultat von Minderwertigkeitsgefühlen ist, die in erster Linie durch eine falsche Erziehung verursacht wurden.

Wir haben bereits zum Ausdruck gebracht, dass ein Rudelführer – vorausgesetzt, dass er einigermaßen vorzeigbar ist – bei der Damenwelt sehr gefragt ist. Ja, nicht nur sehr gefragt, sondern es sieht sogar so aus, als ob alle Frauen von Natur aus auf einen Rudelführer als Partner programmiert wären. Die Folge ist, dass die meisten Rudelführer trotz Monogamiegebot nicht nur eine Frau, sondern gleich mehrere Frauen haben. Neben einer Lieblingsfrau haben sie wie ein Oberpavian auch noch ein paar zusätzliche Frauen in der zweiten oder dritten Linie stehen.

Die Programmierung auf einen Rudelführer ist offensichtlich so stark, dass sich viele Frauen lieber einen Rudelführer mit anderen Frauen teilen, als dass sie sich mit einem rangniederen Mann einlassen. Selbst, wenn jener verheiratet ist und bereits mehrere Kinder hat, wartet seine Geliebte voller Sehnsucht auf den Tag, an dem er sie endlich wieder in seine starken Arme nimmt – und vor allem auf den Tag, an dem er sich scheiden lässt und mit fliegenden Fahnen zu ihr überwechselt. Das Fatale daran ist, dass sie ihm, obwohl er vielleicht nur zwei- oder dreimal im Monat bei ihr erscheint, trotzdem treu ist und dadurch andere Männer, die sich glücklich schätzen würden, mit ihr eine Beziehung eingehen zu können, bei ihr keine Chance haben. So entsteht für die rangniederen Männer eine prekäre Situation: Zu der allgemeinen Verknappung der Sexualität durch eine lustfeindliche Moral kommt noch zusätzlich die Frauenverknappung hinzu, die durch die »Frauenhortung« der Rudelführer bedingt ist. Diese Tendenz zur Vielweiberei hat erst dann ein Ende, wenn der »Oberpavian« seine »Alphafrau«, die wirklich zu ihm passt und die allen seinen Bedürfnissen gerecht wird, gefunden hat.

Eine andere Problematik ergibt sich, wenn ein erfolgreicher Mann daran denkt, vorzeitig in Rente oder Pension zu gehen, weil er es sich finanziell erlauben kann. Die entstehende Freizeit mag für manchen Mann verlockend sein, ein solcher Schritt hätte aber meist schwer wiegende negative Konsequenzen. Er würde Macht abgeben, würde an Charisma einbüßen und Sozialprestige verlieren. Seine Attraktivität für Frauen würde rapide schwinden.

Auch hat es sich immer wieder gezeigt, dass es vielen Frauen lästig ist, wenn der Mann sich den ganzen Tag zu Hause aufhält. Deshalb wäre es besser für ihn, wenn es ihm gelänge, seine berufliche Position wenigstens partiell aufrechtzuerhalten, um nicht in ein Loch zu fallen, in dem Verlust von Status und Prestige, im Extremfall sogar Krankheit und vorzeitiger Tod lauern.

Dass trotz Emanzipation, trotz Anheben des Bildungsniveaus und der Qualifikation, trotz der Quotenfrau-Regelung, trotz massiver Förderungsmaßnahmen immer noch viel weniger Frauen an den Hebeln der Macht sitzen, liegt hauptsächlich an der genetischen Programmierung und weniger daran, dass Männer die Frauen von der Macht fern zu halten versuchen.

Anne Moir und David Jessel[2] meinen hierzu: »Dem Ideal der geschlechtsneutralen Kindererziehung sind natürliche Grenzen gesetzt. Die Jungen wollen mit Dingen spielen, und die Mädchen wollen mit Menschen plaudern. Die Jungen wollen etwas erreichen und Macht ausüben. Die Mädchen fügen sich dem – nicht weil sie so grausam unterdrückt werden, sondern weil die meisten von ihnen nicht so wild darauf sind, an die Spitze zu gelangen. Untersuchungen haben gezeigt, dass für Mädchen Beliebtheit wichtiger ist als Erfolg oder Leistung. Die Jungen beginnen sehr früh, ihr Leben über den Beruf zu definieren, den sie später zu ergreifen beabsichtigen und über das Prestige, das dieser verspricht. Sie fragen: ›Was wird mein Beruf sein?‹, während die Mädchen fragen: ›Wer wird mein Ehemann?‹«

Durch soziale Konditionierung wird diese Tendenz sicher noch verstärkt, aber alle künstlichen Versuche, sie umzukehren, scheinen erfolglos zu sein. Als zum Beispiel Mädchen Sonderkurse in »Führung« erhielten, förderte das ihr Verlangen nach dem Erreichen eines leitenden Status keineswegs.

Jetzt wird auch verständlich, warum viele Frauen nur hobbyhalber oder nur halbtags arbeiten, etwa weil ihnen – wie sie sagen – sonst zu Hause die Decke auf den Kopf fällt, oder nur zur Überbrückung bis zu dem Zeitpunkt, an dem sie sich einen Rudelführer geangelt haben, der diese Aufgabe besser und effizienter zu erfüllen vermag als sie.

Viele Frauen üben jedoch heute trotz Ehemann eine Tätigkeit aus, um sich ein eigenes Auto, teure Kleidung und Kosmetika sowie exklusive Urlaubsreisen leisten zu können. Dabei ergibt sich folgendes Szenario: Sie braucht ein Auto, um in die Arbeit fahren zu können und teure Designerkleidung, um im Büro gut anzukommen. Doch um sich das Auto, die Business-Kleidung sowie Urlaub zur Regeneration leisten zu können, muss sie jahraus, jahrein arbeiten.

Besonders schwer haben es diejenigen Frauen, die – aus welchen Gründen auch immer – allein geblieben sind oder aufgrund der feministischen Ideologie ihr Leben ohne Hilfe und Unterstützung eines Mannes bewältigen wollen. Die meisten von ihnen krebsen am Rand des Existenzminimums dahin. Insbesondere viele der allein erziehenden Mütter fallen schließlich der Sozialhilfe zur Last, weil das doppelte Engagement – hier die Mutterpflichten, dort die beruflichen Erwartungen – auf Dauer kaum zu bewältigen ist.

Selbstverständlich ist es wichtig, dass ein Mädchen eine gute Ausbildung erhält, selbstverständlich soll sie auch einen Beruf ergreifen, um eine gewisse Sicherheit und Unabhängigkeit zu erlangen bzw. um nicht auf Gedeih und Verderb auf einen Mann angewiesen zu sein, aber die stete Forderung nach gleichen Anteilen an Machtpositionen ist illusorisch.

Vielleicht mögen Spitzenpositionen für einige Frauen, die einen überdurchschnittlich hohen Testosteronspiegel aufweisen, erstrebenswert sein, für das Gros der Frauen dürften jedoch andere Interessen und andere Ziele im Vordergrund stehen.

Fragen, die Sie sich als Mann bezüglich der Aufgabe 1 stellen könnten

- Reicht mein Einkommen aus, um eine Familie zu ernähren?
- Entspricht mein derzeitiger Beruf meinen Neigungen und Fähigkeiten?
- Habe ich meinen Platz in der beruflichen Hierarchie bereits gefunden oder muss ich ihn mir erst noch erkämpfen?
- Durch welche Management- und Erfolgsseminare könnte ich meine Karriere beschleunigen bzw. fördern?
- Aus welchen Gründen versuche ich, beruflich vorwärts zu kommen?

  Will ich das,

  a) um meine Chancen beim anderen Geschlecht zu erhöhen?
  b) um mir selbst einen hohen Lebensstandard leisten zu können?
  c) um meiner Frau und meinen Kindern etwas bieten zu können?
  d) um möglichst bald längere Zeit pausieren und mir in dieser Zeit ein schönes Leben machen zu können?

- Ist mein Selbstbewusstsein echt oder weitgehend vorgetäuscht?
- Neige ich zu Vielweiberei? Wenn ja, warum?
- Wie verhalte ich mich und wie fühle ich mich, wenn eine Frau mich auf der Karriereleiter überholt?

Welche Folgen hat es, wenn ein Mann seine Aufgabe 1 nicht oder nicht ausreichend erfüllt

Wenn ein Mann seine Aufgabe 1 – aus welchen Gründen auch immer – nicht oder nur unzureichend erfüllen kann, ist das eine sehr schlechte Voraussetzung für eine Beziehung; nicht nur, dass er sich dann gewöhnlich als Versager fühlt und an Minderwertigkeitsgefühlen leidet, sondern auch, weil es ihm nicht möglich ist, die größte Trumpfkarte, die ein Mann besitzen kann, auszuspielen. Nur wenige Frauen sind bereit, sich mit einem Mann zu liieren, der beruflich nichts leistet, der nichts ist, nichts hat und nichts kann. Wenn eine Frau aus Mitleid eine Beziehung mit ihm eingeht, besteht die Gefahr, dass sie ihr Helfersyndrom auszuleben versucht, sich über ihn erhebt und ihn seiner männliche Rolle beraubt. Entweder zieht ein schwacher Mann schon a priori eine dominante Frau an oder die Partnerin entwickelt sich erst im Laufe der Beziehung zu einer Xanthippe. Wenn sie sich im Grunde ihres Herzens einen Rudelführer gewünscht hat, einen dynamischen, durchsetzungsfähigen Mann, der souverän und selbstsicher im Leben zu agieren vermag, wird sie aus Enttäuschung, dass ihr Mann seine Aufgabe 1 nicht oder nicht gut genug erfüllt, häufig aggressiv – nichts passt ihr, weder was er sagt, noch wie er sich verhält. Ständig wird sie an ihm herumnörgeln, selbst wenn er ein lieber, braver und gutmütiger Mensch ist, mit dem man alles besprechen kann und der für fast alles Verständnis zeigt.

Eigentlich müsste gerade er, der Erfolglose, aufgebaut werden, doch gewöhnlich zeichnet sich folgender Circulus vitiosus ab: Weil er erfolglos ist, macht sie ihn nieder und weil er niedergemacht wird, traut er sich noch weniger zu und bleibt erst recht erfolglos. So kommt es zu einer Verstärkung der Durchsetzungsschwäche und des psychischen Elends, in dem sich der Betreffende befindet.

Es kann aber auch sein, dass seine Partnerin durch sein Versagen bei der Erfüllung seiner Aufgabe 1 ganz einfach nur in ihrer Stimmungslage beeinträchtigt wird. Sie hat aufgrund seines Defizits weniger Sozialprestige, kann weniger hochwertige Nahrungsmittel kaufen, was einer Fehlernährung Vorschub leistet, kann sich weniger schöne Kleidung kaufen, was die Wahrnehmung ihrer Aufgabe 5 erschwert, kann den Kindern weniger bieten oder sie muss selbst ganztags arbeiten, nicht aus Freude oder Interesse, sondern aus der Notwendigkeit heraus, die Existenz der Familie zu gewährleisten.

Was passiert, wenn eine Frau die Aufgabe 1 des Mannes besser erfüllt als der Mann selbst?

In manchen Männerkreisen kursiert der Spruch: »Wenn meine Frau eines Tages mehr verdient als ich, hänge ich mich auf!«

Obwohl bei Eintreten dieses »Supergaus« die wenigsten diese Drohung wahr machen würden, zeigt dieser Spruch dennoch auf, was in einem solchen Fall in der Psyche des Mannes vor sich geht.

Verfügt die Frau über mehr Status und Prestige oder hat ein höheres Monatseinkommen als ihr Partner, ergeben sich oft schwer wiegende Konsequenzen. Der Mann fühlt sich in seiner Ehre verletzt, kommt sich als Versager vor, weil er in seiner Domäne von einer Frau überflügelt wird. Es fällt ihm schwer, Selbstsicherheit zu empfinden und Dynamik zu zeigen. Er fühlt sich psychisch kastriert und entmachtet. Aus seiner Sicht und in den Augen der Umwelt hat seine Frau oder Partnerin die Rolle des Rudelführers übernommen. Sein Elan auf beruflichem Gebiet lässt oft rapide nach und nicht selten wird er deshalb sogar arbeitslos.

Falls in ihm jedoch Rudelführerqualitäten schlummern, wird er ehrgeizig danach streben, doch noch eines Tages die Frau zu überrunden, um so die Führung in seiner für ihn so wichtigen Domäne wieder übernehmen zu können.

Der größere berufliche Erfolg einer Frau kann also bei Männern drei verschiedene Reaktionen auslösen:
- Resignation
- überdimensionierter Ehrgeiz
- Gigoloverhalten, d.h. Erfolg und Finanzen der Frau werden parasitär genutzt

Doch wie geht es der Frau selbst, wenn sie sich zu stark im Berufsleben engagiert oder sich gezwungen sieht, dort fast all ihre Energien einzusetzen?

Sie leidet an Versäumnisängsten: an der Angst, dass dabei der Haushalt auf der Strecke bleibt, dass die Wohnung verkommt, dass sie sich ihren Kindern zu wenig widmen kann und dass jene unter diesen Umständen Schaden erleiden könnten, dass sie ihren Freundeskreis nicht so pflegen kann, wie sie es eigentlich möchte . . . Sie ist oft unruhig und sporadisch taucht immer wieder ein schlechtes Gewissen auf. Sie glaubt, das Ideal nicht erfüllen zu können. Sie kann es auf Dauer nicht allen recht machen, z.B. dem Chef, dem Mann und den Kindern. Sie möchte alles perfekt haben, den Beruf, den Haushalt, die Ehe und ihre Mutterrolle – auf lange Sicht ein aussichtsloses Unterfangen.

»Wer seine Identität nicht gefunden hat,
ist nirgendwo zu Hause,
nicht bei sich selbst,
nicht bei seinem Partner
und auch nicht in seinem Heim.«

Die Aufgabe 2 des Mannes

Die Aufgabe 2 des Mannes umfasst:

- Schaffen einer Behausung bzw. eines Heims
- Schaffen von günstigen Rahmenbedingungen
- Schaffen von Formen

Wer möchte, dass sich in seinem Garten ein Frosch ansiedelt, muss vorher die Lebensbedingungen schaffen, unter denen sich Frösche wohl fühlen. Er muss ein Biotop für Frösche schaffen, also einen Teich anlegen, für Wasserpflanzen wie z.B. Seerosen sorgen und vielleicht noch Schilf und Moos anpflanzen.

Ebenso verhält es sich bei der Partneranziehung, wobei der Frosch, der sich in eine Prinzessin verwandeln soll, durch bestimmte Rahmenbedingungen »angelockt« werden muss.

Der Mann hat die Aufgabe, mit den sich aus der Aufgabe 1 ergebenden Mitteln die Formen zu schaffen, die seinen seelisch-geistigen Inhalten entsprechen und die für eine etwaige Partnerin interessant sein könnten.

Mit den Formen und Rahmenbedingungen, die er absteckt, ist summa summarum eine spezifische Grundstimmung verbunden, in die nur ein ganz bestimmter Typus von Frau hineinpasst.

Wenn der Mann z.B. als Prokurist spezifische Arbeitszeiten beachten muss, einen spezifischen Freundeskreis unterhält, einen spezifischen Lebensstil pflegt und spezifische Rahmenbedingungen geschaffen hat, dann fühlen sich auch nur ganz spezifische Frauen davon angesprochen.

Insbesondere hat ein Mann die Aufgabe, für eine ansprechende Behausung zu sorgen – ähnlich wie der Urmann in grauer Vorzeit eine Höhle ergattern oder eine Hütte bauen musste, um damit seine Frau und seine Kinder vor Kälte, Hitze und Angriffen wilder Tiere zu schützen. Dabei ist vor allen Dingen entscheidend, in welcher Region er die Wohnung oder das Haus anbietet, ob auf dem Lande, in einer Klein- oder Großstadt.

Ferner stellt sich die Frage nach der Gegend – nahe an einem See, einem Gebirge oder am Meer, in einer Fabrikarbeitersiedlung oder in einer vornehmen Wohngegend.

Die großen Fragen lauten also: Welches Angebot unterbreitet ein Mann seiner potentiellen Geliebten oder Ehefrau und will diese dort auch hinziehen?

Wenn sie etwa mehr ein Stadtmensch ist, wird sie sich wohl kaum für eine urige Dachwohnung in einem Dorf oder gar für einen abgelegenen Bauernhof begeistern können.

Doch nicht nur die Wohngegend spielt eine große Rolle, sondern auch der Stil des Hauses, den der Mann gewählt hat. Baut ein Mann etwa ein Haus im Jugendstil, besteht die Tendenz, eine andere Frau anzuziehen als wenn er ein Landhaus oder einen modernen Bungalow errichtet.

So wie ein Zeisig mit seinem Nest nur einen weiblichen Zeisig und nicht eine Zaunkönigdame oder eine Dohlendame anziehen kann, so zieht der Mann eine ganz spezifische Frau an, die zum Ort und Stil seiner Wohnung oder seines Hauses passt. Dies ist auch der Fall, wenn er durch Zufall, also z.B. durch eine Erbschaft, an eine Wohnung in einem bestimmten Haus herangekommen ist, denn entscheidend für seine Anziehung ist die Form, die er gewählt hat, egal aus welchen Gründen. Besteht bei ihm eine Diskrepanz zwischen Inhalt und Form, so wird auch seine Partneranziehung verfälscht. Wenn er etwa modern und progressiv eingestellt ist, dazu aber nicht steht und eine Wohnung in einer alten Stuckvilla erwirbt, bekommt das Umfeld einen falschen Eindruck und potentielle Partnerinnen werden ihn wohl kaum richtig einschätzen können. In diesem Fall ist es leicht möglich, dass er eine Partnerin anzieht, die ebenfalls Schwierigkeiten hat, authentisch zu sein.

Das zweifache Fehlen von Authentizität aber belastet auf Dauer die Beziehung ungemein. Etwas leichter tut sich ein Mann, wenn seine Partnerin bei der Wahl der Wohnung oder des Hauses dabei ist. Doch auch hier ist entscheidend, wie gut er seine Aufgabe 1 gelöst hat, d.h. seine finanziellen Mittel entscheiden letztendlich, welche Kategorie einer Immobilie infrage kommt. Natürlich kann auch die Frau einen Beitrag zu dem Immobilienobjekt oder zum Mietzins leisten, aber in der Regel sollte der Mammutanteil vom Mann bestritten werden. Ist es umgekehrt, hat dies die ab Seite 67 ff. geschilderten, ungünstigen Wirkungen.

Fazit:

Die Wohnung oder das Haus des Mannes stellt eine Projektion seiner Psyche in der Außenwelt dar. Deshalb kann die Wohnung oder das Haus für Werbung in eigener Sache (vgl. Aufgabe 5) verwendet werden. So wie der Zeisig sich aufplustert und immer wieder am Zweig eines Baumes auf und ab rennt und seiner Auserkorenen sein Nest zeigt, das er gebaut hat, so präsentiert der Mann der Frau seine Wohnung oder sein Haus oder er demonstriert seine finanzielle Potenz, die ihr zeigt, welche Wohnmöglichkeiten zukünftig bestehen.

Da der Geschmack des Mannes sich nicht nur in seinem Haus bzw. seiner Wohnung zeigt, sondern auch in seiner Partnerin zum Ausdruck kommt, wählt er oft unbewusst oder bewusst den Typus Frau, der seinem Haus entspricht.

Baut ein Mann etwa ein Tiroler Jodlerhaus in den Bergen, wird er eher zu einer Frau tendieren, die zu diesem Haustyp passt und nicht zu einer Frau, die sich nur im Kreise der Highsociety wohl fühlt – etwa zu einer hübschen, aber etwas rustikalen Frau, die heimatliche Tracht trägt und die den Stil des Hauses in der Inneneinrichtung fortsetzt – z.B. mit Tischdecken mit Spitzendekor, Strohblumen, mit einer geschnitzten Eckbank, einem Kachelofen, alten oder bemalten Bauernschränken . . .

Das Aussehen der Frau, wie sie sich schminkt, kleidet und nach außen auftritt sowie mit welchen Gegenständen sie sich umgibt, weisen Entsprechungen auf zu der Form des Hauses, das der Mann gebaut hat.

Besonders günstig gestaltet sich für einen Mann die Anziehung einer Frau, wenn er bei seiner Wohnung oder seinem Haus seine eigenen Vorstellungen verwirklichen kann und nicht nur zwischen vorgegebenen Grundrissen das »geringste Übel« wählen muss. Er sollte auf alle Fälle so lange nach einer Mietwohnung, Eigentumswohnung oder nach einem Haus suchen, bis er das eigene innere Bild seines Heims in der Außenwelt möglichst genau verwirklicht sieht. Er sollte dem Heim sein Gepräge geben. Vielleicht muss in der Eigentumswohnung nur noch eine Wand anders gezogen werden oder die Terrasse anders gestaltet werden. Wie auch immer das Problem gelagert sein mag, es lohnt sich, etwas länger zu suchen oder konsequenter im Umsetzen der eigenen Vorstellungen zu sein.

In das Haus und in die Wohnung eines Mannes gehört die passende Frau. Ohne sie nützt einem Mann das schönste Haus nichts, denn er wird sich darin nie richtig geborgen fühlen können. Er ist zuständig für das Grobe, für das Haus in seiner äußeren Form, sie für das Feine, für die Inneneinrichtung, für die Details. Sie muss ihn dort ergänzen, sonst droht er im Chaos zu versinken oder die Wohnräume wirken leer und kalt. Das Heim muss belebt werden durch eine Frau mit ihrem Sinn für Schönheit und Ästhetik, mit ihrer Stimme, mit ihrem Duft, mit ihrer weiblichen Art zu sein und ggf. mit ihren Kindern.

Fragen, die Sie sich als Mann bezüglich der Aufgabe 2 stellen könnten

– Habe ich die Fähigkeit entwickelt, Wohnraum zu beschaffen?
– Habe ich in meiner Wohnung oder in meinem Haus Inhalt und Form in Einklang bringen können?
– Welche Wohnform entspricht am besten meiner Persönlichkeit:
  Mietwohnung, Eigentumswohnung, Penthouse, Maisonette, Reihenhaus, Doppelhaus oder freistehendes Einfamilienhaus?
– Bevorzuge ich eine Wohnung in einer Großstadt, in einer Kleinstadt oder auf dem Land?
– Bin ich fähig, Formen zu schaffen oder komme ich gewöhnlich über das Stadium der Planung nicht hinaus?
– Bin ich mir bewusst, dass eine Korrelation besteht zwischen meinem Geschmack bezüglich Wohnung und Inneneinrichtung und meiner Vorliebe für einen bestimmten Partnertypus?
– Habe ich mich mit dem Thema Bauen und Wohnen genügend auseinander gesetzt? Habe ich darüber schon Fachliteratur gelesen oder einschlägige Seminare besucht?
– Was könnte ich tun, um die Aufgabe 2 effizienter erfüllen zu können?

Welche Folgen hat es, wenn ein Mann seine Aufgabe 2 nicht erfüllt?

Aufgabe 2 hängt sehr eng mit Aufgabe 1 zusammen. Denn: Ohne Moos nichts los!

Ein geringes Einkommen führt dazu, dass der Mann seiner geliebten Frau nicht viel bieten kann. In einer 49-qm-Sozialwohnung – womöglich mit zwei oder drei Kindern – fühlt sie sich gewöhnlich nicht besonders wohl. Es macht ihr wenig Freude, eine solche Wohnung schnuckelig herzurichten und sie zu einem Hort der Geborgenheit zu machen. Hinzu kommt, dass sie durch die ungünstige Wohnsituation zusätzlich in eine schlechte Stimmungslage gerät, durch die wiederum der Mann und die Kinder belastet werden. Auch kann es sein, dass sie – weil sie sich dort nicht wohl fühlt – mehr dazu neigt, allein oder mit einer Freundin auszugehen. Aufgrund dessen plagen den Mann zunehmend Eifersuchtsgefühle. Er hat dann Angst, dass sie einen anderen Mann kennen lernen könnte, der ihr mehr zu bieten vermag. Seine Eifersuchtsszenen aber stressen wiederum die Partnerin und gefährden die gemeinsame Beziehung. Eine Negativspirale kommt in Gang, die immer schwerer zu stoppen ist.

Was passiert, wenn eine Frau die Aufgabe 2 des Mannes übernimmt?

Wenn eine Frau die Aufgabe 2 des Mannes übernimmt, belastet dies die Psyche des Mannes oft noch stärker, als wenn die Frau mehr verdient als er; denn in diesem Fall verliert er seine territoriale Hoheit, denn er muss in das Revier der Frau ziehen.

Wenn die Frau Wohnung oder Haus stellt, hat der Mann dort gewöhnlich nichts zu lachen. Er bleibt dort nur ein Gast, der mehr oder weniger großzügig geduldet wird. Er hat dort auch nur wenig zu sagen, er darf dort kaum aufmucken. Kurzum, der Mann kommt durch den Umstand, nicht selbst die »Höhle« beschafft zu haben, in eine schwache Position.

Etwas anders gelagert ist die Situation, wenn einer Frau, durch eine Scheidung oder durch den Tod ihres Ehemannes Wohn- oder Hauseigentum zugeflossen ist. Das, was zunächst wie ein Glücksfall aussieht, entpuppt sich bei näherem Hinsehen sehr häufig als »Manko«, denn sie zieht, weil sie nun die Aufgabe 2 des Mannes übernommen hat, meist nur rangniedere Männer an – Erfolglose, Trinker, Scheinheilige, Speichellecker, Heiratsschwindler, Betrüger, Schmarotzer und Gigolos, die es sich bei freier Kost und Logis in dem gemachten Nest gut gehen lassen wollen. Auch hier kann man also folgendes Phänomen beobachten: Wenn eine Frau eine männliche Aufgabe übernimmt, ist damit nicht nur eine Chancenminimierung verbunden, sondern ihre Partneranziehung wird dadurch vielfach verfälscht und meist verschlechtert. Insofern wäre es für eine Frau manchmal besser, ihre Eigentumswohnung oder ihr Haus zu vermieten und mit ihrem neuen Partner ein gemeinsames »Nest« zu suchen oder aufzubauen.

»Autoritäre Erziehung ist die Hölle für das Kind,
antiautoritäre Erziehung die Hölle für die Eltern.«

Die Aufgabe 3 des Mannes

Die Aufgabe 3 des Mannes umfasst:

- Schutz der Frau
- Schutz der Kinder
- seelische Sicherheit und Wärme für Frau und Kinder
- Revierabsicherung
- Verkörperung von konstruktiver Macht
- Hilfe in Notsituationen
- Bieten von Halt und Rückhalt

Unter der Überschrift: »Väter lassen ihre Kinder im Stich«
schrieb eine Leserin an eine deutsche Illustrierte: »Ich habe
einige Freundinnen, die wie ich ihr Kind allein erziehen und
bei allen, einschließlich mir, ist es das gleiche Problem: Die
Väter kümmern sich so gut wie gar nicht um die Kinder. Man
muss mit ihnen um jede Mark streiten. Und sie kümmern sich
nur um die Kinder, wenn sie nichts Besseres vorhaben, die
Kontakte beschränken sich auf einige lustlose Unternehmungen im Jahr. Ansonsten wollen sie nur gute Zeugnisse sehen.
Dass gute Noten aber auch durch Zuwendung und liebevolle
Betreuung entstehen, sieht keiner von ihnen. Und sind die
Noten schlecht, so ist natürlich die Mutter schuld. Diese Zu-
stände wirken sich meines Erachtens negativ auf die Kinder
aus. Übrigens kümmern sich auch die verheirateten Väter in
meinem Bekanntenkreis kaum um ihre Kinder, weil sie ja so
müde und geschafft von ihrer Arbeit nach Hause kommen
und sich dann nicht auch noch mit den Kindern beschäftigen

können.« Dieser Leserbrief macht deutlich, warum viele Frauen die Natur des Mannes nicht verstehen können. Aus der weiblichen Sicht sieht alles so aus, als ob diese Männer tatsächlich charakterlich nicht einwandfrei oder unfair wären. Doch wenn man die Natur des Mannes betrachtet, sieht die Situation wieder etwas anders aus. Nicht zuletzt wegen seines höheren Testosterongehaltes im Blut drängt es den Mann nach Karriere, Sport und Sex. In Notsituationen kann er zwar bei der Betreuung der Kinder einspringen – etwa wenn die Mutter aufgrund höherer Gewalt oder einer schweren Erkrankung das Kind vorübergehend nicht versorgen kann – ein »Brutpflegeinstinkt« ist bei ihm jedoch nicht angelegt.

Insofern müssen die ständigen Erwartungshaltungen »emanzipierter« Frauen, der Mann solle zumindest die Hälfte der Kindererziehung übernehmen, auf die Dauer enttäuscht werden. Solche Frauen gehen von der irrigen Annahme aus, der Mann hätte genauso wie sie den Drang, sich intensiv dem Kind zu widmen und es zu versorgen. In Wirklichkeit wollen die meisten Männer zwar ein Kind haben, aber dieses Kind hat für sie bei weitem nicht dieselbe Bedeutung wie für eine Frau.

Betrachten wir einmal die Kinderwunschmotive der Männer.

Ein Mann wünscht sich ein Kind
– um über das Kind seine Partnerin oder Ehefrau besitzen zu können.

Da dieser Grund mit einem »edlen« Bewusstsein nicht zu vereinbaren ist, wird er meist verdrängt.

Die Angst, die Partnerin zu verlieren, damit von der Quelle seelischer Liebe und Wärme abgeschnitten zu sein und eine regelmäßige Sexualität nicht mehr als gesichert erleben zu können, wird durch den Wunsch nach einem Kind kompensiert. Über das Kind hofft das Unbewusste des Mannes, zur wichtigsten Person in der Partnerschaftskarriere der

Frau zu anvancieren. Es flüstert ihm ein: »Den Vater ihres Kindes wird sie nie vergessen! Diesen Mann wird sie weniger schnell verlassen!«

- um jemanden zu haben, der in seine Fußstapfen steigen kann (z.B. spätere Übernahme des Geschäftes oder der Firma).
- um über das Kind das zu erreichen, was er selbst nicht erreichen konnte (z.B. Abitur, Promotion, Karriere als Fußball- oder Tennisstar).
- um feststellen zu können, ob er überhaupt ein Kind zustande bringt. Die Zeugungsfähigkeit gilt vielfach als Potenzbeweis.
- um damit dem Wunsch der Frau zu entsprechen. Er sagt sich: »Eine Frau braucht ein Kind, um ihre mütterlichen Anlagen verwirklichen zu können«. Ein Mann zeigt hierfür meist Verständnis.

Für eine Frau ist die Geburt eines eigenen Kindes ein absoluter Höhepunkt in ihrer Biografie, für den Mann ist es ein wichtiges Ereignis neben anderen. Das liegt zu einem großen Teil daran, dass die Geburt eines Kindes für die Frau mit mehr Sozialprestige verbunden ist, wohingegen für einen Mann der Umstand, Vater geworden zu sein, weniger mit einer sozialen Aufwertung verbunden ist.

Viele Frauen können nicht verstehen, wie sich jemand ein Kind wünschen kann, damit aber möglichst wenig behelligt werden will. Sie interpretieren dies als einen schlechten Charakterzug, als Desinteresse oder gar als seelische Kälte. Doch in Wirklichkeit ist der Mann einfach von Natur aus anders angelegt.

Daher ist es auch nicht verwunderlich, dass nur 2 Prozent der Väter den vom Gesetzgeber eingeräumten Erziehungsurlaub – trotz Beschäftigungsgarantie und Kündigungsschutz – in Anspruch nehmen. Das ist das Ergebnis einer neuen Studie im Auftrag des Bundesfamilienministeriums.

Nach ihren Gründen befragt, antworteten die Männer wie folgt:

»Das Erziehungsgeld reicht nicht.«
»Die Karriere könnte darunter leiden.«
»Ich habe einfach nicht daran gedacht.«
»Das lässt der Job nicht zu.«
»Zu Hause ist es mir zu langweilig.«
»Das kommt gar nicht in Frage!«

Eine Sprecherin des Bundesfamilienministeriums kommentierte die Ergebnisse der Studie so: »Wir haben noch viel zu tun, um Erziehungsarbeit für Männer attraktiver zu machen. Aber dazu gehört auch, dass die Gesellschaft Männer im Erziehungsurlaub positiv sieht und sich diese zum Vorbild nimmt!«

Auch hier wird also mit allen Mitteln versucht, die Natur des Mannes umzuprogrammieren. Auf einen Nenner gebracht: Man kann einfach keinen Mann zu einer Frau machen, genauso wenig, wie dies umgekehrt möglich ist. Ein Mann bleibt ein Mann und eine Frau bleibt eine Frau, allen Manipulationsversuchen, Suggestivtaktiken, Zeit- und Modeströmungen zum Trotz!

Es wird häufig nicht erkannt: Der Mann will zwar mit der »Brutpflege« und der Aufsicht der Kinder wenig zu tun haben, will aber schon für das Wohl des Kindes Sorge tragen. Nur seine Art, sich um das Kind zu kümmern, ist anders. Er kann für das Kind nicht die Mutter spielen, insbesondere auch deshalb nicht, weil er dazu nicht genügend Östrogen im Blut hat. Deshalb haben auch Großväter in der Regel eine deutlich zärtlichere, weiblichere Beziehung zu ihren Enkelkindern als sie zu ihren eigenen Kindern hatten. Es spricht einiges dafür, dass dies etwas mit dem altersbedingten Absinken des männlichen Hormonspiegels zu tun hat.

Es ist also gewöhnlich einem Mann nicht möglich, all die Erwartungen des weiblichen Geschlechts in Bezug auf Kin-

derbetreuung und -erziehung zu erfüllen. Und selbst wenn es
ihm gelänge, hätte dies ungünstige Folgeerscheinungen:
– Der Mann tritt mit der Frau in eine Konkurrenzsituation.
  Es werden Fragen gestellt wie: »Wer ist der bessere Erzie-
  her?« und »Wer wird vom Kind mehr geachtet und ge-
  liebt?«
– Wenn zwei Menschen die Erziehung eines Kindes übernehmen, bekommt das Kind häufiger als sonst wider-
  sprüchliche Botschaften, was zu innerseelischen Spannun-
  gen führen kann.
– Obwohl Frauen dies oft nicht wahrhaben wollen, die Tatsache bleibt bestehen, dass ein Mann, der Dauergast im
  Kinderzimmer ist, an erotischer Attraktivität verliert (das
  Unbewusste der Frau sieht ihn als »verweiblicht« an, als
  Folge reduziert sich ihr sexuelles Verlangen nach ihm).
  Auch hier können wir also wieder die Diskrepanz zwischen dem bewussten und dem unbewussten Wollen erkennen.

Ein Mann, der unter enormer Selbstüberwindung und großen Anpassungsleistungen den Wünschen der Frau nach-
kommt und sich verstärkt um den Nachwuchs bemüht, ist
am Ende der Gelackmeierte. Er wird schließlich eines Tages nur noch zur Kinderbetreuung gebraucht, ins Bett geht
seine Frau dann mit einem anderen, der ihrem inneren Bild
von einem echten Mann mehr entspricht.
– Wenn ein Mann seine männlichen Interessen aufgibt und
  sich ständig so um die Kinder kümmert, wie sich seine Frau
  das wünscht, geht der Weg häufig über kurz oder lang
  schnurstracks in Richtung Sozialhilfe. Dann muss er sich
  neue Vorwürfe gefallen lassen. Bezeichnungen wie
  Pflaume, Penner, Weichei, Versager sind dann an der Tages-
  ordnung. Auch in diesem Fall zeigt sich:

Seine Frau fühlt sich von ihm erotisch nicht mehr angezogen – ganz einfach deshalb, weil er, um der Frau zu gefallen,
seine eigenen männlichen Aufgaben vernachlässigt hat. Er

ist auf ihre Äußerungen und Forderungen eingegangen und wird dafür von der Natur bestraft. Oder anders ausgedrückt: Die Verdrängung und Verleugnung seiner männlichen Natur kommt wie ein Bumerang auf ihn zurück (Gesetz der Wiederkehr des Verdrängten). Das, was er mit seiner Selbstverleugnung erreichen will, nämlich die Liebe und Zärtlichkeit seiner Partnerin, verliert er paradoxerweise gerade wegen seiner Selbstverleugnung.

Was kann ein Mann aufgrund seiner Natur seiner Frau und seinen Kindern geben, ohne sich selbst zu verleugnen?

Der Mann war in grauer Vorzeit derjenige, der aufgrund seiner Größe und seiner Körperkraft dafür zuständig war, das eigene Territorium zu markieren und zu sichern, wilde Tiere und Feinde abzuwehren und damit der Frau und dem Nachwuchs Sicherheit und Schutz zu gewähren.

Auch heute in zivilisierten Gefilden besteht eine Hauptaufgabe des Mannes darin, seiner Frau und seinen Kindern Sicherheit zu bieten und sie unter seinen persönlichen Schutz zu stellen. Dieser Schutz wird heutzutage in den wenigsten Fällen via Körperkraft gewährleistet, er basiert vielmehr auf wirtschaftlichen, finanziellen, rechtlichen, emotionalen oder geistigen Faktoren. Obwohl auch hier – wenigstens in Bezug auf Körpergröße – noch Relikte aus der Vergangenheit der Menschheit wirksam sind. Daher haben es kleine Männer häufig schwerer bei Frauen, weil die alte Programmierung auf Größe und Stärke im Unbewussten der Frau immer noch zum Tragen kommt. Einer Studie zufolge, die im britischen Wissenschaftsmagazin »Nature« veröffentlicht wurde, sind kinderlose Männer durchschnittlich drei Zentimeter kleiner als Väter. Daraus ist zu schließen, dass Frauen ihre Partner u.a. nach der Körpergröße auswählen. Kleine Männer müssen sich also besonders anstrengen, um einen großen Eindruck zu hinterlassen. Entweder müssen sie auf einem bestimmten Gebiet herausragen oder über ein größeres Bankkonto verfügen, um den »Mangel« an Größe auszugleichen. Wenn ein kleiner Mann also anderweitig der Frau einen guten Schutz gewährleistet, ist die Welt für sie wieder in Ordnung.

Auf welche Weise macht es sich heute für eine Frau bemerkbar, unter dem Schutz eines Mannes zu stehen?

Allein die Präsenz des Mannes, seine bloße Anwesenheit genügt oft schon, um Übergriffe anderer gegenüber seiner Frau und seinen Kindern bereits im Keim zu ersticken. Das Umfeld merkt, hinter dieser Frau oder diesem Kind steht ein Mann, der unweigerlich einschreitet, wenn diesen Menschen Unrecht oder Schaden zugefügt wird.

Mann, Frau und Kinder ergeben zusammen eine Gruppe, eine Familie, und stellen in dieser Formation auch eine Macht dar.

Fehlt das Gruppenmitglied Mann, hat es eine Frau ungemein schwerer, sich in der Gesellschaft zu behaupten.

Es ist für eine Frau eine große Erleichterung zu wissen, dass sie jemanden hat, der in der Not für sie da ist,

auf den sie zählen kann,
der sie nicht im Stich lässt,
der ihr hilft, wenn irgendetwas schief läuft,
der ihr beisteht, wenn es ihr schlecht geht,
der auf sie nichts kommen lässt.

Ihre Situation ist vergleichbar mit der einer Trapezkünstlerin im Zirkus, die durch ein Netz abgesichert ist. Sie kann locker, unverkrampft und ohne Angst agieren, denn sie weiß: Sollte sie tatsächlich einmal einen Fehler machen, fällt sie nicht in einen Abgrund, ist es nicht aus mit ihr, sondern sie wird von dem Netz aufgefangen.

Auch für ein Kind ist es günstig, wo auch immer es sich befinden mag – im Kindergarten, in der Schule oder im Freundeskreis –, einen Vater als Rückhalt zu haben, der bei Schwierigkeiten aller Art zu ihm hält. Der Vater kann – wenn nötig – beim Lehrer vorsprechen, kann rechtliche Schritte unternehmen, kann durch die Macht seiner Größe und körperlichen Stärke, seines Status, seiner Bildung, seiner Rhetorik, seiner Intelligenz, seiner wirtschaftlichen oder finanziellen Potenz andere in ihre Schranken verweisen.

Einige Trumpfkarten kann sicherlich genauso die Mutter ins Feld führen, aber es ist dennoch ein Unterschied, ob sie auf sich allein gestellt ist, oder ob sie durch die Stärken ihres Mannes in ihrer Durchsetzung verstärkt oder ergänzt wird.

Und noch ein Punkt ist wichtig: Ein Säugling und ein Kleinkind ist von Natur aus stärker auf die Mutter ausgerichtet. Im Leib der Mutter ist das Kind herangewachsen, sie hat es geboren, sie hat es gestillt. Insofern hat das Kind mit der Mutter eine ungemein tiefere Verbindung als mit dem Vater, ungeachtet dessen, ob er nun bei der Geburt dabei war oder nicht.

Erst wenn das Kind älter geworden ist, wenn es beginnt, allmählich die Außenwelt zu erschließen, ist der Vater mehr gefragt. Der Vater nimmt das Kind mal in die Firma oder auf den Sportplatz mit, geht mit ihm ins Kino oder tätigt Unternehmungen, die ganz anders geartet sind als die, die das Kind von der Mutter her gewöhnt ist.

Eine Frau sollte sich aber immer bewusst sein, dass ein Mann aufgrund der Naturprogrammierung, seine Gene möglichst breit zu streuen, dazu neigt, ein Kind immer in der Verbindung mit der Frau seines Herzens zu sehen; denn er will die Kinder der Frau durchbringen, mit der er gerade verbunden ist und die er liebt.

Ist die Beziehung zu ihr nicht mehr existent, verblasst auch häufig sein Interesse und sein Engagement für das betreffende Kind. Liiert er sich schließlich mit einer anderen Frau, wird er für deren Kind – selbst, wenn es nicht von ihm ist – Sorge tragen. Dies ist für seine Ex-Partnerin oft unverständlich. Sie fragt sich: »Wie ist es möglich, dass jemand sein eigenes Kind, mit dem er doch eine Beziehung aufgebaut hat, vernachlässigt, nur weil er in einer neuen Beziehung ein neues Glück gefunden hat? Wie kann jemand so herzlos sein?« Wenn etwa eine Mutter von drei verschiedenen Männern je ein Kind hat, ist ihr jedes Kind »ans Herz gewachsen«. Sie kümmert sich um jedes Kind in gleicher Weise und trägt dafür Sorge, dass sich jedes körperlich und seelisch-emotional wohl fühlt.

Fragen, die Sie sich als Mann bezüglich der Aufgabe 3 stellen könnten

- Sind mir meine tatsächlichen Kinderwunschmotive bewusst?
- Würde ich bei Beschäftigungsgarantie und Kündigungsschutz Erziehungsurlaub in Anspruch nehmen?
- Wie lange ist es mir in der Regel möglich, mit meinem Kind zu spielen?
- Möchte ich mich wirklich mehr an der Kindererziehung beteiligen oder tue ich es nur, weil man mir sonst ein schlechtes Gewissen einredet?
- Auf welche Art und Weise kann ich meiner Partnerin und den Kindern Schutz gewähren?
- Liegt mir das Wohl meiner Partnerin und meiner Kinder am Herzen oder ist es mir egal, wie sie im Leben zurechtkommen?
- Biete ich meiner Partnerin und meinem Kind seelischen Halt?
- Haben es meine Partnerin und meine Kinder im Leben leichter, weil ich da bin oder stelle ich vielmehr eine Belastung für sie dar?

Welche Folgen hat es, wenn ein Mann seine Aufgabe 3 nicht erfüllt?

Auch die Aufgabe 3 des Mannes basiert zu einem großen Teil auf der ausreichenden Erfüllung seiner Aufgabe 1. Verfügt der Mann über finanzielle Stärke, fällt es ihm leichter, seiner Frau und seinen Kindern Schutz zu gewähren.

Ein Mann hat aber auch ohne entsprechendes Finanzpolster Möglichkeiten, den Seinen den Rücken zu stärken und einzuschreiten, wenn Not am Mann ist.

Kann sich seine Frau aber nicht auf ihn verlassen, ist sie oft überfordert, gestresst und auch enttäuscht. Wenn sie für die ganze Alltagsbewältigung allein zuständig ist, überall selbst vorsprechen, alle Schwierigkeiten allein meistern muss, hat sie bald keinerlei Achtung mehr vor ihrem Mann und betrachtet ihn als Hampelmann oder Nichtsnutz. Sie hält ihn womöglich als nicht »geschäftsfähig« und verliert nach und nach jegliches Interesse an ihm.

Was passiert, wenn eine Frau die Aufgabe 3 des Mannes übernimmt?

Wenn eine Frau in der Steinzeit – womöglich noch mit einem Säugling an der Brust – die Aufgabe übernommen hätte, das Revier zu sichern und vor Eindringlingen zu schützen, und zwar nicht nur vorübergehend in Notsituationen, hätte sich ihr Mann lächerlich gemacht. Entsprechendes gilt für die heutige Zeit. Eine Beziehung, in der nicht der Mann, sondern die Frau »die Hosen anhat« oder in der der Mann gar »unter dem Pantoffel« der Frau steht, wird oft karikaturistisch ausgeschlachtet.

Grundsätzlich ist es für die Harmonie einer Beziehung nicht gut, wenn eine Frau körperlich stärker als ihr Partner ist oder sie sich in dessen Domäne besser durchzusetzen vermag als er selbst; denn dadurch wird die Natur auf den Kopf gestellt, was unweigerlich zumindest für einen Partner ein ungünstiges Schicksal zur Folge hat. Und wenn es einem von zwei Partnern nicht gut geht, leidet immer auch der andere und die Beziehung schlechthin.

»Sexualität ist nicht alles,
doch ohne Sexualität ist alles nichts.«

Die Aufgabe 4 des Mannes

Die Aufgabe 4 des Mannes umfasst:

> die sexuelle Potenz,
> das Sammeln sexueller Erfahrungen,
> die Entwicklung der Fähigkeit, eine Frau sexuell in verschiedenen Varianten zu befriedigen,
> das Entwickeln von Sexualphantasien.

In seinem Buch »Am Anfang war der Egoismus« weist der Gießener Soziobiologe Edgar Dahl[6] nach, dass alle Lebewesen nur das Eine wollen: den eigenen Genen zum Durchbruch zu verhelfen. Im Prinzip ist jeder darauf programmiert, alles für die Erhaltung und Vermehrung seiner eigenen Erbanlagen zu tun. Jeder ist eine Überlebensmaschine für seine Gene. Der Mann muss dafür sorgen, dass die eigenen Gene möglichst weit gestreut werden; je mehr davon im Umlauf sind, desto besser. Das Programm heißt Untreue. Der Mann kann nichts dafür. Die Frau dagegen muss zur Vermehrung der eigenen Gene für die beste Kombination sorgen, d.h. den geeignetsten Partner auswählen. Und das ist nicht unbedingt der Stärkste oder Klügste, sondern der Mann, der bleibende Versorgung garantiert. Das Programm heißt Binden. Zwei gegensätzliche Prinzipien dienen der Erhaltung der Gene.

Die Frage ist also: Welche der beiden Tendenzen gewinnt die Oberhand, die zur Bindung oder die zur Untreue? Die Entscheidung darüber hängt in erster Linie von den sexuellen und erotischen Künsten der Frau ab.

Viele Männer sind oft jahre- und jahrzehntelang auf der Suche nach einer Frau, die sexuell ohne Hemmungen ist und die aus eigenem Antrieb und eigener Lust all ihre sexuellen Wünsche und Träume erfüllt. Dabei ist zu unterscheiden zwischen Männern, die einen Don-Juan-Komplex haben, die also mit möglichst vielen Eroberungen ihre Männlichkeit unter Beweis stellen wollen und deren Verhalten eher auf Unsicherheit und auf einen schwachen Eigenwert schließen lässt, und Männern, die nur deshalb immer weitersuchen, weil sie noch nicht die Frau gefunden haben, die sie durch ihre raffinierten sexuellen Fähigkeiten und andere Qualitäten an sich zu binden vermag.

Aufgrund der traditionellen Sexualmoral, durch die Frauen in ihrem Triebleben gehemmt werden, entsteht ein unvorstellbar großes Defizit an Sexualität und Erotik, das an allen Ecken und Enden zu beobachten ist. Betritt man etwa einen Zeitschriftenladen, fällt einem auf, dass stets ein großer Andrang von Männern in der Ecke des Ladens herrscht, in der »Männermagazine« angeboten werden, in denen paradoxerweise nicht etwa Männer, sondern nackte oder spärlich bekleidete Frauen in verführerischen Posen abgebildet sind. Scheinbar gelangweilt blättern diese Männer die Hefte durch, bevor sie sich zum Kauf eines bestimmten Magazins entschließen. An der Kasse drehen sie sich dann noch einmal verstohlen um, um abzuklären, ob nicht zufällig Nachbarn oder Bekannte in der Nähe stehen und mitbekommen, welchen »Schweinkram« sie gerade kaufen.

Aufgrund seines Hungers nach Sex und Erotik ist der Durchschnittsmann leicht manipulierbar, sowohl von Frauen, als auch von Industrie und Wirtschaft. Besonders die Werbung hat sich dieses Defizit des Mannes zunutze gemacht. Geschickt werden passend zu dem Defizit sogenannte Komplementärbilder verwendet, man zeigt etwa neben einem bestimmten Autoreifen eine attraktive, langbeinige Frau in Hotpants, um dem Unbewussten des Mannes zu suggerieren, eine solche Frau würde beim Kauf dieses Reifens gleich mitgeliefert. Selbstverständlich ist der Mann überzeugt, seine Entscheidung für diese Reifenmarke wäre unabhängig von dieser »Reklame« getroffen worden. Doch im Hintergrund kichert das Unbewusste und hofft auf Triebbefriedigung.

Was Frauen häufig bei der männlichen Sexualität zu schaffen macht, ist außer der Tendenz zur Untreue die starke Körperfixierung der Männer. Es ist für fast jede Frau unbegreiflich, dass ein Mann mit einer Frau eine Bindung eingeht, nur weil er auf einen ihrer Körperteile, z.B. auf ihren tollen Busen, auf ihre vollen Lippen, auf ihre schönen Beine, auf ihr dichtes Schamhaar oder auf ihren wohlgeformten Po so sehr fixiert ist, dass er nicht mehr auf sie verzichten will – es sei denn, eines Tages taucht eine andere Frau auf, die die gleichen körperlichen Vorzüge aufweist, jedoch darüber hinaus noch ein zusätzliches »Bonbon« anzubieten hat.

Es gibt Männer, die aufgrund ihrer Fixierungen so sehr von einer Frau abhängig sind, dass sie tagelang Selbstverleugnungsrituale absolvieren, sich an die Frau fast gänzlich anpassen, ihr nach dem Mund reden und alles tun, um sie zufrieden zu stellen und bei Laune zu halten.

Kaum eine Frau würde je lediglich aufgrund von bestimmten körperlichen Eigenschaften eines Mannes ihr Selbst auf Dauer in ähnlicher Weise zurückstellen oder aus solchen Gründen bei einem Mann bleiben, wenn ansonsten keinerlei Gemeinsamkeiten bestehen, wenn also sonnenklar ist, dass sie überhaupt nicht zusammenpassen.

Andere Männer wiederum sind primär von der Attraktivität einer Frau abhängig, weil diese ihren männlichen Rivalen und anderen potentiellen Partnerinnen den eigenen, gesellschaftlichen Status signalisiert.

Diesen Aspekt unterstreicht ein Beispiel von David Buss, das er in seinem Buch »Die Evolution des Begehrens« anführt: »Jim beklagte sich bei einem Freund über seine Gattin, eine außerordentlich attraktive Frau. ›Ich denke daran, mich von ihr scheiden zu lassen‹, sagte er. ›Wir passen einfach nicht zusammen, unsere Ansichten sind grundverschieden, und wir streiten uns nur noch.‹ Der Freund konnte ihn zwar verstehen, gab ihm jedoch Folgendes zu bedenken: ›Auch wenn du noch soviel Ärger hast, Jim, du solltest dir das gut überlegen. Sie macht sich großartig an deinem Arm, wenn du bei einer Party mit ihr zur Tür hereinkommst.‹ Die Ehe wurde zwar schließlich geschieden, doch Jim schob den endgültigen Bruch noch mehrere Jahre hinaus, nicht zuletzt aufgrund dessen, was ihm sein Freund geraten hatte. Jim hatte das Gefühl, er würde auf einen wertvollen gesellschaftlichen Pluspunkt verzichten, wenn er sich von seiner attraktiven Frau trennte. Sogenannte ›Trophäen-Frauen‹ sind nicht nur Vergünstigungen, die mit einem hohen Status einhergehen, sondern heben sogar noch den Status des Mannes, der es geschafft hat, eine solche Frau zu erobern.«[7]

Wenn ein Mann seine Aufgabe 4 wirkungsvoll erfüllen will, sollte er zuerst Kontakt zu seinem eigenen Körper aufnehmen und seine ureigene Sexualität entdecken, um einen Bezug zu seinem »besten Freund« zu bekommen.

Es ist wichtig für ihn zu lernen, der Frau Lust zu verschaffen, seine Ejakulation je nach Bedürfnis und Situation hinauszuzögern oder zu beschleunigen. Er sollte in der Sexualität seinen eigenen Rhythmus finden und fähig sein, ihn auf den Rhythmus der Frau abzustimmen. Wenn er die ganze Bandbreite sexueller Aktivitäten kennen lernt, kann er sie bei der jeweiligen Partnerin einsetzen. Ein solch großes Repertoire an sexuellen Variationen kann er sich nur aneignen, wenn er übt, übt und nochmals übt. Über die unterschiedlichen sexuellen Eigenarten verschiedenster Frauen kann er seine eigene Sexualität besser kennen lernen und schließlich auch schneller einschätzen, welche Partnerin sexuell am besten zu ihm passen könnte.

Diese Erfahrungen sind notwendig, weil weder die romantisierenden Bilder aus Kino und Fernsehen noch Pornofilme brauchbare Hinweise auf die geheimnisvolle Welt des Eros geben können.

Im Gegenteil, diese Bilder tragen dazu bei, dass viele Männer vorschnell ejakulieren. Fast 80 Prozent der von Kinsey untersuchten Männer kamen bereits nach weniger als zwei Minuten, nachdem sie in ihre Partnerin eingedrungen waren, zum Samenerguss.

Diese Art von Schnellfeuer-Koitus ist für Männer wie Frauen auf die Dauer höchst unbefriedigend. Da ein solcher Liebesakt nicht lange genug dauert, um die mit der sexuellen Erregung einhergehende Ausschüttung natürlicher chemischer Substanzen ins Blut zu ermöglichen, kommt das normalerweise mit dem Liebesakt verbundene Gefühl allgemeinen Wohlbefindens nicht zustande. Insbesondere kommt dabei das »Liebeshormon« Oxytocin nicht zur Ausschüttung. Dieses Hormon fehlt übrigens auch bei der Selbstbefriedigung. Dies erklärt die oft schlechte Stimmungslage von Menschen, die über einen längeren Zeitraum hinweg keinen Geschlechtsverkehr haben.

Was gibt es für einen Mann noch zu beachten?

Er darf auf keinen Fall – wenn es einmal nicht so klappt – die Flinte ins Korn werfen, sei es, dass er aufgrund von Unsicherheit, Angst und Schuldgefühlen oder eines selbst gesetzten Erwartungsdrucks in den Anfangsstadien einer Partnerbeziehung Erektionsschwierigkeiten hat oder sei es, dass einfach eine Inkongruenz des sexuellen Verhaltens vorherrscht, die zunächst – wie es scheint – schwer auszuräumen ist.

Im Grunde genommen gibt es in der Sexualität vier Männertypen:

1. Männer, die ihre sexuellen Fähigkeiten sehr gut ausgebildet haben und sie bei ihrer Partnerin optimal einsetzen

können. Sie befinden sich mit ihrem sexuellen Potential und ihrer sexuellen Eigenart am richtigen Platz.

2. Männer, die sich mit einer für sie ungeeigneten Partnerin liiert haben. Sie befinden sich an einem falschen Platz, weil sie andere Fähigkeiten und Neigungen haben als die, die von ihrer Partnerin erwartet werden.

3. Männer, die sexuell bei fast jeder Partnerin Schwierigkeiten haben. Sie müssen noch ihre einzigartigen Anlagen entdecken und ausbilden.

4. Männer, die auf allen sexuellen Gebieten durchschnittlich begabt sind und daher nur auf durchschnittliche Weise ihre Partnerin erfreuen können.

Wenn er ein wirklich guter Liebhaber werden will, muss er auch auf die seelischen Bedürfnisse seiner Partnerin eingehen. Da die meisten Frauen besonders auf akustische Reize reagieren, ist es wichtig für ihn, die richtigen Worte zu finden, um das auszudrücken, was er für sie empfindet. Und schließlich führt kein Weg daran vorbei, sich auch mit der Anatomie und Physiologie der Frau auseinander zu setzen.

»Die Reaktionen der Frau auf sexuelle Erregung betreffen in viel höherem Maße den gesamten Körper, als das beim Manne der Fall ist. Auch bei der Frau ist der Orgasmus ein psycho-physisches Erlebnis, wobei gerade die psychische Überlagerung und breite körperliche Ausstrahlung von außerordentlicher Bedeutung sind. Entsprechend der weiblichen Reaktionsbreite sind die erogenen Zonen der Frau in größerem Ausmaß über den ganzen Körper verteilt: Die Innenfläche der Hand ist nicht nur eine reizspendende, sondern auch eine reizempfangende Körperpartie. Stärker reizbar sind die Ellenbeuge (Arm in Arm gehen) und die Außenseite der Oberschenkel (eng nebeneinander gehen). Die Innenseite des Oberarmes und vor allem der Haaransatz im Nacken können bereits den ganzen Körper der Frau zum

Mitschwingen bringen. Das Ohrläppchen selbst ist oft weniger empfänglich als das kleine Grübchen hinter dem Ohr. Am stärksten erregbar sind die Brüste und selbstverständlich die Geschlechtsorgane selbst. Ihre Berührung wird aber, falls sie zu früh geschieht, als unangenehm empfunden. Taille, Hüfte, Lendenregion und das Gesäß verlangen oft stärkere Reize. Besonders erregungssteigernd bei der bereits erregten Frau ist die Berührung der Innenseite der Oberschenkel.«[8]

Wenn ein Mann sich weiter über Anatomie und Physiologie der Frau informieren will, hat er die Möglichkeit dazu mittels einer umfangreichen Literatur, angefangen mit dem Kinsey-Report über die Werke von Masters und Johnson bis hin zu medizinischen Fachbüchern.

Fragen, die Sie sich als Mann bezüglich der Aufgabe 4 stellen könnten

- Leide ich an einem Don-Juan-Komplex oder habe ich die für mich passende, sexuell leidenschaftliche Frau nur noch nicht gefunden?
- Lasse ich mich von den erotischen Bildern der Werbung beeinflussen oder bin ich dagegen resistent?
- Auf welche Weise sorge ich dafür, dass meine Sexualität nicht zu kurz kommt?
- Bin ich in der Vergangenheit aufgrund von Fixierungen auf bestimmte körperliche Attribute einer Frau feste Beziehungen eingegangen?
  Oder habe ich aufgrund solcher Fixierungen eine Beziehung, die eigentlich schon zerbrochen war, noch längere Zeit aufrechterhalten?

- Wie wichtig ist es mir, durch die Attraktivität einer Partnerin an Sozialprestige zu gewinnen?
- Sind mir Anatomie und Physiologie der Frau bekannt oder tappe ich da im wahrsten Sinne des Wortes im Dunkeln?
- Was tue ich, um ein wirklich guter Liebhaber zu werden?
- Bin ich fähig, mich auf die Bedürfnisse und Eigenarten meiner Partnerin einzustellen?

Welche Folgen hat es, wenn ein Mann seine Aufgabe 4 nicht erfüllt?

Untersuchungen haben gezeigt, dass viele Frauen eher noch einen Mann in Kauf nehmen, der im Bett eine Niete ist, als einen, der seine Aufgabe 1 nicht ausreichend erfüllt. Manche Frauen sind sogar froh, wenn er wenig Libido aufweist oder schnell mit dem Sex fertig ist, weil sie dann selbst weniger sexuell gefordert sind und ihre Ruhe haben. In Extremfällen nutzt sie seine Schuldgefühle aus, die bei ihm aufgrund seiner sexuellen Unzulänglichkeit auftauchen, um sich Vorteile materieller oder ideeller Art zu verschaffen.

Weniger Frauen, als zu vermuten wäre, wissen es zu schätzen, wenn Männer gute, ausdauernde Liebhaber sind und noch weniger machen die sexuelle Leistungsfähigkeit zur conditio sine qua non für ihre Partnerwahl.

Hingegen ist »sexuelles Versagen« für den Mann selbst meist mit einer empfindlichen Einbuße seines Selbstbewusstseins verbunden, was häufig zu Überkompensationen auf anderen Lebensfeldern führt.

Fazit: Unglaublich, aber wahr: Ein guter und ausdauernder Liebhaber zu sein, erhöht die Chancen beim weiblichen Geschlecht nur unwesentlich. Vorausgesetzt, der Betreffende erfüllt seine Aufgaben 1, 2 und 3 zur vollen Zufriedenheit der Frau, wird sie ihm sexuelle Unzulänglichkeiten viel seltener verübeln als gemeinhin angenommen wird.

Der größte Nachteil für einen Mann, der sich nicht bemüht, ein guter Liebhaber zu werden: Eine Frau, die ihre Aufgabe 4-Fähigkeiten ausgebildet hat, bleibt nur selten bei ihm.

»Si vis amari, ama.«
» Willst Du geliebt werden, liebe.«
(Seneca)

Die Aufgabe 5 des Mannes

Die Aufgabe 5 des Mannes umfasst:

Körperpflege
Fitness
Sport
Auto
Kleidung
Verführungskunst
Ausführen der Frau
Zuhören
Erlernen von guten Manieren

Albert Cohen schreibt in seinem Roman »Die Schöne des Herrn«: . . .»Wie sie mich seit zwanzig Jahren mit ihren Äffereien haben leiden lassen! Äffereien, wiederholte er, noch im Banne des Wortes, plötzlich verblüfft vor einem Käfig im Zoo stehend. Schauen Sie nur, wie männlich er sich gibt, um seinem Pavianweibchen zu gefallen, schauen Sie, wie er sich auf die Brust trommelt und dabei Tamtam-Geräusche macht. Und wie er erhobenen Hauptes gleich einem Oberst der Fallschirmjäger einherschreitet. Jetzt rüttelt er am Gitter des Käfigs, und das völlig hingerissene Pavianweibchen findet, dass er ein starker Kerl ist, voller Entschlossenheit und Charakter und dass man auf ihn zählen kann. Und je mehr er an den Gitterstäben rüttelt, desto stärker fühlt sie, dass er eine schöne Seele hat, moralisch sauber ist, ritterlich, treu und rechtschaffen, ein wahrer Ehrenpavian. Weibliche Intuition. Und nun kommt das bewundernde Pavianweibchen näher und wackelt mit dem Popo, das tun sie alle, und auch die Tugendhaften zeigen ihn gern, und deshalb trägt man enge Röcke, und jetzt schlägt sie keusch die Augen nieder und fragt den Pavian schüchtern, ob er Bach liebe. Natürlich hasst er Bach, diesen herzlosen Roboter mit seinen mechanischen geometrischen Abläufen, aber um ihr zu gefallen und zu zeigen, dass er eine schöne Seele hat und aus einem vornehmen Pavianmilieu stammt, bleibt dem Armen nichts weiter übrig als zu sagen, er liebe und verehre diesen Langweiler und seine nervtötende Musik. Das schockiert Sie? Mich auch. Und jetzt sagt das Pavianweibchen, immer noch mit gesenktem Blick und mit sanfter, gefühlvoller Stimme, ›Bach bringt uns Gott nahe, nicht wahr? Wie glücklich ich bin, dass wir den gleichen Geschmack haben.‹ Mit dem gleichen Geschmack fängt es immer an. Jawohl, Bach, Mozart, Gott, immer fangen sie damit an. Das ist ehrbare Konversation und verleiht ein moralisches Alibi. Und vierzehn Tage später Luftakrobatik im Bett.

Das Pavianweibchen setzt also ihr vergeistigtes Gespräch mit ihrem sympathischen Pavian fort und ist hocherfreut festzustellen, dass er jedenfalls genauso wie sie denkt, Bildhauerei, Malerei, Literatur, Natur, Kultur,«[9] . . .

Apropos Kultur!

Dass viele Frauen so ehrfürchtig von Kultur sprechen, als wäre sie etwas Heiliges, und von ihren Partnern häufig kulturelle Interessen erwarten, ist kein Zufall. Aufgrund ihrer Erziehung zu sexueller Zurückhaltung und Triebkontrolle erscheint ihr Trieb – Sigmund Freud lässt grüßen – in sublimierter Form, nämlich in den kulturellen Interessen. Zudem wird auf allen Theater-, Operetten-, und Opernbühnen immer wieder aufs Neue die weibliche Art der Liebe, die romantische Liebe, in ihrer ganzen Dramatik inszeniert und gespielt – und auf diese Weise in den Seelen der Frauen bestätigt, verstärkt und festgeschrieben. Man denke nur an die Opern »Romeo und Julia« und »Tristan und Isolde«.

Ebenso verhält es sich auf dem Gebiet der Musik und der Literatur. Die meisten Werke der Weltliteratur handeln von der romantischen Liebe mit all ihren Irrungen und Wirrungen.

Aus diesem Grund müssen viele Männer während der Werbephase so tun, als ob sie ebenso wie ihre Angebetete kulturelle Interessen hätten. In Wirklichkeit haben sie primär nur ein Interesse und das ist Sex. Warum sollten sie sich dann ausgerechnet für die Ausdrucksformen der **verdrängten** Sexualität, also für »Kultur«, interessieren?

Sicherlich gibt es einige wenige Männer, die sich wirklich für Konzerte, Opern, Operetten oder Theater interessieren. Oft sind sie schon in frühester Kindheit von ihren Müttern in diese Richtung gedrängt worden. Der Durchschnittsmann hingegen glaubt, Interesse vortäuschen zu müssen, um als »gebildet« zu gelten und um Frauen zu signalisieren, dass er einer höheren Schicht angehört, in der kulturelle Werte zählen.

In der Werbephase muss der Mann jedoch nicht nur so tun, als ob er kulturbeflissen wäre, sondern er muss der Frau auch sonst einiges bieten. Insbesondere wird erwartet, dass er regelmäßig mit ihr ausgeht und immer wieder Abwechslung in ihr Leben bringt, mit ihr ins Café, zum Tanzen, zum Shopping, ins Kino, ins Theater geht, ihre Freunde oder ihre Mutter besucht und vieles mehr.

All diese Aktivitäten als solche machen den meisten Männern wenig Vergnügen. Ein Mann macht gewöhnlich alles nur mit, weil er sich freut, dass sie mit ihm zusammen ist und weil er hofft, damit ihr Herz zu gewinnen und dafür im Bett belohnt zu werden.

Da Frauen aufgrund dieser Vorspiegelung nicht vorhandener Interessen der Männer glauben, dass ihre Partner an all diesen Dingen genauso viel Spaß haben wie sie, erleben sie zunächst die Illusion der perfekten Partnerschaft.

Die Enttäuschung ist dann groß, wenn der Mann allmählich in seinem Ausgehdrang und Unternehmungsgeist erlahmt. Denn kaum ein Mann kann diese Art der Selbstverleugnung ein Leben lang durchhalten. Es entsteht bei ihm der Wunsch, dass sich seine Partnerin als Ausgleich für seine »Opfer« bei ihm revanchiert, etwa mit einem Abendessen bei ihr zu Hause. Da er sie aus Angst, sie zu verlieren, nicht darüber aufklärt, dass er sein Werbeverhalten als »Opfer« empfindet, für das er irgendwann einen Ausgleich erwartet, interpretiert sie seine nachlassende Bereitschaft zu werben meist als nachlassende Liebe und hält Ausschau nach dem nächsten Partner.

Da viele Frauen aufgrund der Pseudo-Emanzipation davon überzeugt sind, mehr wert zu sein als ein Mann, können sich Männer noch so sehr anstrengen, ohne dass sich Frauen verpflichtet fühlen, etwas zurückzugeben.

Die »emanzipierte« Frau möchte den Mann am liebsten ewig in der Werbephase belassen, d.h. sich von ihm verwöhnen lassen, ohne Gegenleistungen zu erbringen. Wenn ihr Partner in seinem Werben nachlässt, trennt sie sich häufig von ihm und geht mit dem nächsten Mann so lange aus, bis auch dieser es nicht mehr ertragen kann, immer nur der gebende Teil in der Beziehung zu sein. Dieses Spiel geht oft so lange weiter, bis altersbedingt ihre Attraktivität nachlässt und sie keine Männer mehr zu einem Werbeverhalten animieren kann.

Wie sich im Tierreich die Männchen aufplustern, um mehr zu scheinen als sie sind, so versuchen die Männer im Menschenreich nicht nur Kulturbeflissenheit vorzutäuschen, sondern häufig auch Reichtum.

In einer renommierten Münchner Tageszeitung wurde kürzlich beschrieben, wie Frauen reiche Männer erkennen können.

»Reiche Männer zeigen ihren Reichtum nur noch dezent. Ihr Outfit ist reduziert auf klassische Schnitte und Qualität, lässig, zeitlos, selbstverständlich. Nur beim Auto hört's auf.

Da hau'n sie auf den Putz, Extravaganz ist angesagt. Favorit: Aston Martin (DB7 ab 220.000 DM), gefolgt vom Bentley (Turbo RT ab 400.000 DM) oder: Rolls Royce, Mercedes S-Klasse, Porsche Turbo, Jaguar, Ferrari!«

Das Auto, Prestigeobjekt und Statussymbol des Mannes, soll dessen Rang innerhalb der sozialen und beruflichen Hierarchie dokumentieren. Häufig wird es auch unbewusst als Drohgebärde gegenüber rangniederen Männern verwendet. Doch nicht jeder, der Luxuslimousinen fährt, kann sich ein solches Gefährt auch wirklich leisten. Viele leben in Bezug auf Autos über ihre Verhältnisse, um krampfhaft nach außen einen höheren Rang zu signalisieren und dadurch das andere Geschlecht zu beeindrucken.

Eine amerikanische Psychiaterin schenkte der Behauptung von Frauen, die Automarke des Mannes spiele für sie kaum eine Rolle, keinen Glauben. Deshalb startete sie ein Experiment. Sie stattete weibliche Versuchspersonen mit Messgeräten aus, die Herzschlag und Scheidensekretion aufzeichneten, und ließ sie zu potentiellen Liebhabern ins Auto steigen. Dabei konnte beobachtet werden, dass sich die Herzschlagfrequenz erhöhte und die Bartholinischen Drüsen der Scheide eine vermehrte Sekretion bewirkten, wenn sie in Limousinen stiegen, die Luxus und Macht symbolisierten. Dies war übrigens auch bei Frauen der Fall, die aufgrund einer alternativen Einstellung solche Luxuskarossen ablehnten.

Es besteht also offensichtlich eine Diskrepanz zwischen dem, was viele Frauen nach außen vorgeben und dem, was der Realität entspricht, d.h. wie deren weibliche Natur reagiert.

In Bezug auf Luxuskarossen ist die Situation also ähnlich wie bei der Karriere des Mannes.

So wie der Mann sich verbissen nach oben kämpft und zum Karrieristen wird, um den Frauen zu gefallen, so greift er bewusst oder unbewusst nur deshalb tiefer in die Tasche, um sich ein Auto zuzulegen, von dem er annimmt, dass es seine Chancen beim anderen Geschlecht maximiert.

Deshalb hat auch die in verschiedenen Städten Deutschlands lobenswerte Initiative »Autosharing« nicht die Resonanz gefunden, die sie eigentlich verdient hätte. Die Idee dabei ist, dass sich mehrere Personen ein Auto teilen, um Kosten zu sparen und die Blechlawine einzudämmen. Dabei werden fast ausschließlich nur Kleinwagen, Mittelklassewagen der unteren Kategorie oder Kombiwagen angeboten. In Anbetracht der Tatsache, dass die meisten Männer das Auto mehr oder weniger als »Persönlichkeitsprothese« brauchen und damit auch den Frauen imponieren wollen, ein entscheidender Fehler. Eine Autosharingfirma täte also gut daran, Autos der gehobenen Mittelklasse und der Oberklasse anzubieten, dann bräuchte sie bestimmt nicht über mangelnde Umsätze klagen. Davon wollen die Firmenchefs jedoch meist nichts wissen. Ihr Ziel ist es vielmehr, die Bundesbürger vom Status- und Prestigedenken wegzubringen und sie zur »Vernunft« zu bringen. Einer sagte wörtlich: »Niemals werden wir ein Fahrzeug der oberen Klasse anbieten. Das widerspräche total unserer Firmenphilosopie!« Schade, dass durch diese Philosophie eine auch aus ökologischer Sicht hervorragende Idee zum Scheitern verurteilt ist, denn der Anspruch, auf diese Weise das Bewusstsein der Masse zu verändern, muss Illusion bleiben.

Eigentlich geht es bei der Werbung darum, dass der Mann Ausdrucksmöglichkeiten für sein Fühlen und Denken findet, damit er besser für sich selbst werben kann. Es ist nämlich gar nicht so einfach für einen Mann, die richtige Form für die eigenen Inhalte zu finden, insbesondere da es für ihn in Bezug auf sein Outfit – anders als bei Frauen – weniger akzeptable Möglichkeiten für seine Selbstdarstellung gibt. So würde ein Mann in einem roten, hellblauen, grünen, gelben oder weißen Anzug gewöhnlich nicht ernst genommen werden. Für einen Mann kommen primär nur klassische bzw. dunkle Farben infrage, also grau, anthrazit, dunkelblau oder schwarz, allenfalls bei Krawatten sind Ausnahmen möglich.

Auch ist es für einen heterosexuellen Mann nicht so günstig mit Halskettchen, Ohrringen, teuren Ringen oder mit String-Tangas als Unterwäsche zu erscheinen, weil er damit zu sehr den femininen Pol verkörpert und so nur bei wenigen Damen Erfolg haben wird.

Auch für einen progressiv denkenden Mann ist es sehr schwierig, entsprechende Formen in der Außenwelt zu finden. Da erzkonservative Geschlechtsgenossen oft Progressivität vortäuschen, indem sie sich z.B. mit Jeans und Lederjacke kleiden und dynamisch aus ihrem Landrover springen, stellt sich die Frage: Wann ist eine Darstellung Form für einen adäquaten Inhalt und wann ist sie eine falsche Form für einen Inhalt, der ganz anders gelagert ist, also eine Vorspiegelung falscher Tatsachen?

Insofern ist es für einen Mann immens wichtig, auf vielfältige und zu seiner Persönlichkeit passende Weise zu werben, um den richtigen Eindruck zu hinterlassen.

Zu seinem Werberepertoire sollten auch gut gestaltete Visitenkarten gehören. Mit diesen ist es ihm möglich, bei jeder Gelegenheit – und ein Mann von Format schafft sich täglich dutzende von Gelegenheiten – sowohl geschäftlich als auch privat dezent und unverfänglich auf sich aufmerksam zu machen.

Ein Mann sollte die Fähigkeit entwickeln, zu jeder Frau, die ihm gefällt, einen Kontakt herzustellen. Er kann sie ansprechen und ihr seine Visitenkarte übergeben mit der Bitte, ihn doch einmal anzurufen.

Jede verteilte Visitenkarte ist ein potentieller Same, der aufgehen könnte.

In unseren Partnerschaftsseminaren gehen wir oft mit den männlichen Teilnehmern in die Fußgängerzone von München, um einzuüben, wie man auf anständige, niveau- und humorvolle Art und Weise mit Frauen Kontakt aufnimmt. Das bisher beste Ergebnis erzielte ein Teilnehmer, der innerhalb von drei Stunden zwanzig Frauen ansprach und dabei von sechzehn Frauen deren Telefonnummern bekam. Wer also in der Werbung um einen Partner erfolgreich sein will, braucht vor allem Mut.

Aber auch **Fitness**. Es ist wichtig für einen Mann, einer Frau gegenüber Fitness und Stärke zu signalisieren, denn ein »alter Ackergaul« kann ihr kaum Sicherheit und Schutz (Aufgabe 3) gewähren.

Das ist ein wesentlicher Grund dafür, warum Männer meist größeres Interesse an Sport entwickeln als Frauen. Männer treiben auch meist aufgrund einer anderen Motivation Sport als Frauen. Für viele Frauen ist Sport mehr ein gesellschaftliches Ereignis. Sie gehen zum Sport, um Leute zu treffen, um mit ihren Freundinnen Spaß zu haben oder um sich ihre Figur zu erhalten. Hingegen treiben die meisten Männer Sport, um ihren Ehrgeiz und ihre Aggressivität in gesellschaftlich anerkannte Bahnen zu lenken. Der Mann will Leistung bringen, Punkte machen, will mit anderen konkurrieren, will in der Rangliste nach oben, will an seinen Rivalen vorbeiziehen, will seine Gegner austricksen, sie deklassieren, sie »vom Platz fegen«, sie »wegputzen«, ihnen eine vernichtende Niederlage beibringen.

Auch hier erkennen wir wieder das Urprogramm, das die Natur im Mann verankert hat: Er muss um seinen Platz in der Hierarchie kämpfen, muss schauen, dass er besser, trickreicher, schneller und stärker ist als andere. Sein Ziel ist es, in der höchsten Spielklasse mitzuspielen, die Rangliste anzuführen, Rudelführer zu werden.

Doch was machen diejenigen, die aufgrund eines Bierbauchs oder bereits »morscher« Knochen kaum mehr sportliche Leistungen erzielen können? Hierfür gibt es die Sportschau im Fernsehen, bei der durchtrainierte Profis dieses Manko stellvertretend kompensieren.

Dabei identifizieren sich die Betreffenden am liebsten mit einer erfolgreichen Mannschaft. Denn sie möchten sich gegenüber den Frauen als »Winner« präsentieren.

Für Männer gilt die Regel: Geh mit der Frau deines Herzens nur dorthin, wo du firm bist, wo dir niemand ein X für ein U vormachen kann, wo du der »King« bist.

Wer im Tennis einen »Granatenaufschlag« hat und damit den Gegner vom Platz fegen kann, geht mit ihr am besten auf den Tennisplatz, wenn er ein brillanter Redner ist, in eine Diskussionsgruppe, wenn er gut schwimmen kann, an einen See. Auf keinen Fall darf er in der Werbephase dorthin gehen, wo er unsicher ist oder gar tollpatschig wirkt, etwa aufs Tanzparkett, wenn er nicht tanzen kann, oder in eine Kunstausstellung, wenn er keine Ahnung von Kunst hat. Obwohl auch hier viele Frauen so tun, als ob es ihnen nichts ausmacht, wenn ihr Freund Schwächen zeigt, so spricht doch auch hier ihr Unbewusstes, das auf einen Sieger programmiert ist, eine andere Sprache. Und sehr bald wird der Mann merken, dass sich seine Partnerin ihm überlegen fühlt und mehr und mehr zur Dominanz neigt. Werbung bedeutet also für den Mann, Mut an den Tag zu legen, sich sportlich fit zu halten, sich als Sieger zu präsentieren oder sich zumindest wie einer zu verhalten und nicht zuletzt gute Manieren zu zeigen.

Fragen, die Sie sich als Mann bezüglich der Aufgabe 5 stellen könnten

- Wie steht es mit meiner Körperpflege? Wasche ich mich nur vor dem Geschlechtsverkehr oder bin ich auch sonst reinlich?
- Wie sieht es mit meiner Fitness aus? Schaffe ich noch einen kurzen Sprint, um die Straßenbahn zu erreichen oder bin ich total außer Form?
- Entspricht mein Auto meinem Status und meinen Ein-

kommensverhältnissen? Setze ich mehr auf Unterstatement oder besteht bei mir eher eine Neigung zu Hochstapelei?
– Habe ich mir gute Manieren und Essgewohnheiten angeeignet?
– Bin ich ein guter Zuhörer oder möchte ich selbst dauernd sprechen und womöglich potentielle Partnerinnen ständig aufklären und belehren?
– Können sich meine Visitenkarten sehen lassen?
– Mit Hilfe welcher Praktiken und Tricks habe ich bisher Frauen kennen gelernt? Welche anderen Methoden würden auch noch gut zu meiner Persönlichkeit passen?
– Bin ich wirklich kulturbegeistert oder täusche ich Interesse an Kultur nur vor, um beim weiblichen Geschlecht besser anzukommen?
– Wie lange bin ich imstande, Werberituale zu absolvieren, ohne dass es zu dem »Einen« kommt?

Welche Folgen hat es, wenn ein Mann seine Aufgabe 5 nicht erfüllt?

Auch hier zeigt es sich, dass die schlechte Bewältigung der Aufgabe 5 mit weniger negativen Folgen verbunden ist, als wenn der Mann seine Aufgabe 1 nicht erfüllt.

Zwar schmerzt es so manche Frau mehr oder weniger stark, wenn ihr Freund oder Ehemann nachlässig gekleidet ist, und sie schämt sich vielleicht auch mit ihm vor ihren Freundinnen oder vor ihrer Mutter, die die Hände über dem Kopf zusammenschlägt mit den Worten: »Kind, konntest du denn nichts Besseres erwischen?« Aber solange er seine Aufgabe 1 gut erfüllt oder sogar eine Promotionsurkunde vorweisen kann, ist für sie die Welt in Ordnung. Dann verteidigt sie ihn gegebenenfalls sogar gegenüber einer Übermacht von Bekannten und Verwandten. Vielleicht versucht sie auch, aus ihm doch noch einen Mann mit Stil und Niveau zu machen, indem sie ihn beim Kleidungskauf begleitet und berät.

Wenn allerdings ein Mann, der seine Aufgabe 5 verweigert, auf die Pirsch gehen will, um eine Frau kennen zu lernen, tut er sich schwer. Da hat einer, der mit einem chicen Leasingauto vorfährt und einen Armani-Anzug trägt (selbst wenn er aus einem Secondhand-Shop stammt), weit bessere Karten; denn viele Frauen halten diesen aufgrund der präsentierten Attribute für einen tüchtigen Aufgabe-1-Erfüller und zeigen daher reges Interesse an ihm.

Besser für die Kontaktaufnahme ist es also, bei der Werbung »sein Licht nicht unter den Scheffel zu stellen« als bescheiden mit einer ausgebeulten Trainingshose oder einer verwaschenen Cordhose einer Frau seine Aufwartung zu machen.

»Es gibt nur ein Gutes, das ist Wissen.
Es gibt nur ein Übel, das ist Unwissenheit.«
(Sokrates)

Die Aufgabe 6 (für beide Geschlechter)

Die Aufgabe 6 für beide Geschlechter umfasst:
– geistige Weiterentwicklung
– Erwerb von Wissen über Ernährung, Medizin, Psychologie, Schicksalskunde, Soziologie, Ökologie, Pädagogik, Partner- und Beziehungsfähigkeit, Wirtschaft und Finanzen, Management und Erfolgskybernetik, humanes Bauen und Wohnen, Kommunikationsfähigkeit
– Informationsaufnahme und -weitergabe

Jetzt kommen wir zu einer Aufgabe, die scheinbar leicht zu bewältigen ist, die aber den meisten Menschen extrem große Schwierigkeiten bereitet: die geistige Weiterentwicklung. Was ist daran so schwierig?

Fast jeder glaubt zwar, sich ständig geistig weiterzuentwickeln, die Realität hingegen sieht ganz anders aus.

Mit vielen Menschen ist ein Gespräch im Sinne eines anregenden Informationsaustausches und einer gegenseitigen geistigen Befruchtung kaum möglich, weil unzählige Vorurteile und Tabus eine echte Kommunikation a priori vereiteln.

Man kann mit vielen Menschen nicht frei und ungezwungen reden aufgrund von

Dünkel
Arroganz
Ignoranz
Desinteresse
Moral und Konvention

ideologischer Gebundenheit
weltanschaulicher Gebundenheit
falsch verstandenem Anstand
Prüderie
strengem Überich
Besserwisserei . . .

Der größte Verhinderer einer wirklichkeitsadäquaten geistigen Weiterentwicklung ist jedoch das in weiten Bevölkerungskreisen vorherrschende künstlich aufgeblähte Selbstbewusstsein. Wer mit so einem ausgestattet ist, hält sich für so toll, so gescheit und so genial, dass er in jeder Begegnungssituation oft sofort versucht, seine Mitmenschen aufzuklären und zu belehren, selbst wenn er auf dem betreffenden Lebensgebiet kaum fundierte Kenntnisse vorzuweisen hat. Er nimmt von vornherein an, dass der andere weniger weiß als er selbst.

Gehen wir auf dieses Phänomen etwas näher ein.
Man kann sein Selbstbewusstsein beziehen aus:

seiner Herkunft
seinem beruflichen Status
seiner Bildung
seinem Aussehen
seinen technischen Fähigkeiten
seinen praktischen Fähigkeiten
seinem Geschmack
seinen sportlichen Leistungen
seiner Nationalität
seinem Wissen
seinem Bankkonto
seinem Auto
seiner Wohnung
seiner Wohngegend

seinem Doktortitel
seinem Fußballverein
seinen Beziehungen
seinen honorigen Freunden
usw.

Nun begehen manche folgenden verhängnisvollen Fehler: Weil sie z.B. gut surfen können oder sich in der Computertechnik exzellent auskennen, glauben sie, auf anderen Lebensgebieten genauso kompetent zu sein. Wer auf einem Gebiet versiert ist, überträgt das daraus resultierende Selbstbewusstsein häufig auf solche Lebensgebiete, auf denen er sehr wenig oder keinerlei Wissen und Kompetenz vorzuweisen hat. So redet etwa ein Kfz-Meister, der in seinem Beruf durchaus tüchtig und fähig sein mag, auch ungeniert und selbstbewusst bei Themen wie Pädagogik, Börsenwissen oder Soziologie mit, Themen, über die er vielleicht nur in Boulevard-Zeitungen gelesen hat. Meist hat der Betreffende auf all diesen Gebieten eine vorgefasste Meinung, die bereits in drei oder vier Sätzen gesagt ist. Aufgrund dessen versperrt er sich gegenüber wichtigen Informationen, die seinen geistigen Horizont erweitern könnten.

Er ist fest davon überzeugt, dass er überall mitreden kann. In Wirklichkeit halten viele Leute Informationen zurück, weil sie erkennen, dass diese nicht auf fruchtbaren Boden fallen. All dies kann der mit dem enormen Selbstbewusstsein Ausgestattete gar nicht wahrnehmen, weil er nicht in Erwägung zieht, dass andere Leute auf bestimmten Gebieten kompetenter sind als er.

Dass ein solches Verhalten nicht nur auf Einzelfälle beschränkt ist, sondern weit verbreitet ist, wird daraus ersichtlich, dass kaum irgendwelche sachbezogenen Fragen an Menschen gestellt werden, die offensichtlich auf dem einen oder anderen Gebiet über umfangreiches Wissen und fachliche Kompetenz verfügen. Aus Angst, sich eine Blöße zu geben, tun viele so, als ob sie alles schon wüssten, sie glauben, dass durch Fragen ihr Nimbus gefährdet wäre. Hier gilt der Satz von Goethe: »Die meisten Menschen wollen etwas sein, keiner will etwas werden«. Um geistig wachsen zu können, um im Leben vorwärts zu kommen, heißt es deshalb, Fragen zu stellen, Vorträge und Seminare zu besuchen, Sachbücher zu lesen, kurzum Informationen einzuholen und Erfahrungen zu sammeln. **Negatives Schicksal ist häufig nichts anderes als die Weigerung, sich zu informieren.** Und damit sind wir bei einem ganz entscheidenden Punkt. Denn wenn man sich diesen Satz vor Augen führt, wird klar, dass Schuldprojektionen auf Herkunft und Milieu, auf das Elternhaus, auf mangelnde Schulbildung oder auf andere ungünstige Umstände oft jeglicher Grundlage entbehren.

Jeder hat heute in unserer Gesellschaft die Möglichkeit, sich auf welchem Gebiet auch immer umfassende Informationen zu beschaffen.

In den Buchhandlungen gibt es zu jedem wichtigen Thema hunderte von Büchern. In den Volkshochschulen und privaten Bildungsunternehmen werden Kurse und Seminare zuhauf angeboten. Dadurch ergeben sich Chancen für all diejenigen, die mehr von ihrem Leben erwarten, die es nicht hinnehmen wollen, ein Leben lang in untergeordneten Positionen zu verharren, und die auch die ewigen Smalltalks im Bekannten- und Verwandtenkreis, auf Partys und Feten satt haben. Es eröffnen sich Chancen für Menschen, die aus ihrem bisherigen Milieu hinauswollen, denen es zu wenig ist, beim Thema Medizin die Adresse irgendeines Arztes zu wissen, beim Thema Ernährung auf ein vorzügliches Restaurant zu verweisen oder bei religiösen Fragen einige schöne Kirchen aufzählen zu können. Wer z.B. gute Sachbücher liest, kann sich viele Umwege und Irrwege des Schicksals ersparen. Er muss nicht alle Erfahrungen selbst machen, er kann sich vieles von dem ersparen, was andere erleiden mussten. Häufig sind in einem einzigen Sachbuch – etwa über Management, Erfolg oder Partnerschaft – mehr Informationen enthalten, als der Durchschnittsbürger je durch belanglose Gespräche mit anderen oder durch eigene Schicksalsereignisse in Erfahrung bringen kann. Selbst wenn es das Phänomen der Reinkarnation wirklich geben sollte, so viele Inkarnationen kann niemand durchleben, dass er alle Informationen, die notwendig wären, um Unheil abwenden und Erfüllung erreichen zu können, durch eigene Erfahrung finden und daraus die richtigen Schlüsse ziehen könnte.

Ferner sollte man lernen, zwischen wichtigen und unwichtigen Informationen zu unterscheiden. Wer z.B. ständig nur Tageszeitungen liest, ist zwar – oberflächlich betrachtet – gut über das Weltgeschehen informiert, aber diese Art der Information bringt ihn persönlich nicht weiter. Was nützt es, genau über spektakuläre Verkehrsunfälle, Flugzeugabstürze, Brandkatastrophen, Erdbeben oder Kriminalfälle Bescheid zu wissen, wenn man dort, wo es um das eigene Leben geht, nur wenig weiß?

Was ist also wichtig? Die zwölf wichtigsten Fächer des Lebens[*] geben hierüber Aufschluss.

Der Mensch sollte wissen, wie sein Körper aufgebaut ist, wie dieser funktioniert und welche Krankheitserscheinungen auftreten können (Medizin), er muss Bescheid wissen über Funktion und Pathologie der Seele (Psychologie und Psychiatrie), sollte sein Eingebettetsein in die Strukturen der Gesellschaft sowie soziale Wandlungsprozesse erkennen können (Soziologie). Er sollte die Mechanismen und Gesetze des Schicksals verstehen (Schicksalskunde), sollte informiert sein über ökologische Prinzipien und Gesetzmäßigkeiten (Ökologie) sowie über den Einfluss der Ernährung auf Gesundheit und Wohlbefinden (Ernährungskunde) und des Bauens und Wohnens auf unsere Lebensqualität (humanes Bauen und

---

[*] siehe Hermann Meyer: Die Lebensschule – Erfolgreich werden als Mensch; Trigon-Verlag, München

Wohnen). Er sollte wissen, wie er mehr Freude in der Partnerschaft erleben kann (Partner- und Beziehungsfähigkeit), wie er die wahre Natur seiner Kinder fördern kann (Pädagogik), wie das Wirtschafts- und Finanzsystem funktioniert (Wirtschaft und Finanzen), wie er mehr Erfolg in seinem Leben erwirken kann (Management und Erfolgskybernetik) und wie er mit seinen Mitmenschen besser kommunizieren kann (Kommunikationsfähigkeit). Erst mit diesem Wissen ist es ihm möglich, ein erfülltes und glückliches Leben zu führen.

Es ist im Grunde unfassbar, wieso sich breite Bevölkerungsschichten oft nicht im Geringsten mit diesen Themen auseinander setzen. Sie tun so, als ob diese sie gar nichts angingen oder delegieren sie auf Fachleute, deren Kompetenz sie nicht oder nur unzureichend beurteilen können.

Ein häufiger Grund, warum sich kaum jemand mit einem dieser wichtigen Fächer beschäftigt, ist Autoritätsgläubigkeit. Der mündige Mensch hingegen verlässt sich nicht nur auf Fachleute, sondern informiert sich selbst. Er eignet sich selbst Inhalte an, bildet sich seine eigene Meinung und kann deshalb bei den Themen, die das eigene Leben betreffen, richtig entscheiden und vernünftig mitreden.

»Nichts zu wissen ist schlimm,
nichts wissen zu wollen, ist schlimmer.«
(altes afrikanisches Sprichwort)

Die Aufgabe 6 des Mannes

Siegfried M. (45) war als kleiner Angestellter eines großen Pharmazieunternehmens sehr unglücklich. Sein Einkommen reichte nicht, um eine Familie zu ernähren, geschweige denn einer Frau und Kindern angenehme Wohnverhältnisse bieten zu können. Außerdem hatte er Figurprobleme, die bei ihm Hemmungen verursachten. Seine kargen Finanzen erlaubten es ihm nicht, durch besondere Kleidung oder durch ein tolles Auto auf sich aufmerksam zu machen. Da er also bei den Aufgaben 1, 2 und 5 große Defizite aufwies, kompensierte er dies, indem er alle Kraft für die Aufgabe 6 verwendete. Er dachte viel nach, las eine Fülle von Sachbüchern, informierte sich umfassend und besuchte Weiterbildungsseminare verschiedenster Fachrichtungen. Die Folge war, dass er bald zur geistigen Avantgarde zählte. Er hatte viele Freunde, die sein Wissen zu schätzen wussten und Informationen von ihm bezogen. Aber er hatte kein Glück beim anderen Geschlecht. Die Frauen, die mit ihm in Kontakt traten, waren nur an den Informationen interessiert, die sie über ihn bekommen konnten, aber nicht an ihm als möglichen Sexual- oder gar Lebenspartner.

So wichtig die Aufgabe 6 auch sein mag, sie nur losgelöst von den anderen Aufgaben zu erfüllen, bringt dem Einzelnen wenig ein. Nur wenn der Betreffende fähig ist, dieses Wissen auch umzusetzen und in sein Leben einfließen zu lassen, erzielt er positive Resultate. Allein schon die Verbindung mit der Erfüllung einer einzigen anderen Aufgabe bringt bereits eine bessere Durchschlagskraft. Man stelle sich vor, einer hat ein großes Wissen angesammelt und ist zudem (oder gerade deshalb) beruflich erfolgreich oder glänzt auch noch mit einer geschmackvollen Garderobe und mit guten Manieren, dann sieht es plötzlich ganz anders aus. Dann werden Geist und Verstand oft erst wahrgenommen und können dann auch als Trumpfkarte ausgespielt werden.

Die Aufgabe 6 des Mannes umfasst neben dem Erwerb einer fundierten Allgemeinbildung und von Kenntnissen über die Fächer des Lebens insbesondere auch die intensive Beschäftigung mit der entsprechenden Fachliteratur, die ihn beruflich weiterbringen kann. Und es ist wichtig für ihn, sich mit Wirtschaft und Finanzen zu befassen, Management- und Erfolgsseminare zu besuchen, um sein berufliches Fortkommen noch mehr zu fördern.

Fragen, die Sie sich als Mann bezüglich der Aufgabe 6 stellen könnten

- Verfüge ich über eine gute Allgemeinbildung?
- Bin ich mir der Chancen auf beruflichem und privatem Sektor bewusst, die eine geistige Weiterentwicklung mit sich bringen?
- Habe ich mir Wissen über das Wirtschafts- und Finanzsystem angeeignet?
- Verfüge ich über ein Grundwissen in den Fächern des Lebens wie Medizin, Psychologie, Schicksalskunde, Soziologie, Ökologie, Bauen und Wohnen, Partnerschaft, Gesetze des Erfolges, Management, Wirtschaft, Kommunikation...?
- Habe ich Interesse an Naturwissenschaft und Technik?

- Habe ich meine praktischen und technischen Fähigkeiten ausgebildet?
- Ist mit mir ein gegenseitig befruchtendes Gespräch möglich?
- Wieviele Sachbücher habe ich bisher gelesen?

  Mehr als   3   O
  Mehr als   10   O
  Mehr als 100   O
- Kann ich mich selbst auf die »Schippe nehmen«?
- Woher beziehe ich meine Informationen?
- Welche Fachliteratur muss ich lesen und welche Seminare muss ich besuchen, um beruflich erfolgreich zu werden bzw. zu bleiben?

Welche Folgen hat es, wenn ein Mann seine Aufgabe 6 nicht erfüllt?

Wenn ein Mann seine Aufgabe 6 nicht erfüllt, kann sich das ungünstig auf seine Aufgabe 1 und damit auch auf seine Aufgaben 2 und 3 auswirken.

Die Weigerung, sich geistig weiterzuentwickeln – ein weit verbreitetes Phänomen – hat nur dann nicht so starke negative Konsequenzen, wenn seine Partnerin auf diesem Gebiet ebenfalls stehen geblieben ist. Ist die Frau aber geistig rege und bildet sich ständig weiter, schaut es für den Mann besonders schlecht aus.

Auch hier erhebt sich die Frau häufig über den Mann, hält ihn für geistig minderbemittelt, nimmt ihn nicht mehr für voll. Sie belehrt ihn, redet mit ihm wie mit einem Kind und lässt ihn bei jeder Gelegenheit ihre geistige Überlegenheit spüren. Auch gegenüber ihren Freundinnen spricht sie respektlos und herablassend von dem geistigen »Neandertaler«, der bei ihr zu Hause im Wohnzimmer hockt. Sie lässt keine Gelegenheit aus, sich über ihn lustig zu machen. Unbeabsichtigt stärkt er ihr Selbstbewusstsein oft so sehr, dass als Folge davon bei ihr eine Selbstüberschätzung entstehen kann, die es ihr schwer macht, befriedigende zwischenmenschliche Beziehungen zu unterhalten, oder durch die sie sogar zu riskanten Aktionen oder Investitionen verleitet wird, mit denen sie meist früher oder später Schiffbruch erleidet.

Die sechs Aufgaben der Frau

»In der gleichen Weise wie Gerichte das Aroma von Gewürzen annehmen, nehmen sie auch die Einstellung derer in sich auf, von denen sie gekocht und serviert werden.«
(Mark David)

Die Aufgabe 1 der Frau

Die Aufgabe 1 der Frau umfasst:

- Erlernen der Kochkunst
- Ansammlung von Wissen über Ernährung
- Erlernen von Fähigkeiten auf dem Gebiet der Haushaltsführung
- Entwicklung von wirtschaftlichen Fähigkeiten
- Erlernen von Managementfähigkeiten
- Entwicklung der Koordinationsfähigkeit
- Entwicklung der Delegationsfähigkeit
- Entwicklung der Verantwortungsfähigkeit

Erich Neumann, ein bedeutender Schüler von C.G. Jung, schreibt in »Zur Psychologie des Weiblichen« über das weibliche Symbol des Mondes: »Diese Welt ist die ursprüngliche Welt des ›Nahrungsuroboros‹ der Frühzeit, in der Leben als Nahrung und Fruchtbarkeit das zentrale Anliegen der Menschheit ist. Die Fruchtbarkeit der Jagdtiere, der Herden, der Felder und der menschlichen Gruppe steht damit im Mittelpunkt dieser Welt, die damit weitgehend Welt des Weiblichen, des Nährenden und Gebärenden, d.h. aber Welt der großen Mutter ist, über die der Mond herrscht.«[11]
Dass das nährende Prinzip zum Wesen der Frau gehört, kann man unschwer an der Anatomie der weiblichen Brust erkennen.

Somit wird die Affinität der Frau zu Themen der Nahrungszubereitung verständlich. Aufgrund seiner andersartigen biologischen Programmierung hat ein Mann in der Küche nichts verloren! Das hat mit Machogehabe oder gar mit reaktionärer politischer Einstellung nicht das Geringste zu tun!

Auch wenn es den Emanzen, von denen viele am liebsten die Natur des Mannes vollständig umprogrammieren würden, nicht gefällt: Ein Mann hat kein natürliches Bedürfnis, das nährende Prinzip zu verkörpern, also z.B. für seine Familie zu kochen.

Wäre Küchenarbeit für Männer wirklich naturgemäß, würden sich diese in einem erheblich größeren Ausmaß dafür zuständig fühlen. Die Realität sieht allerdings so aus, dass es ihnen wenig Freude bereitet und sie sich dazu überwinden müssen – ähnlich wie es kaum einer Frau Spaß machen würde, mit Pickel und Schaufel im Tiefbau zu arbeiten oder als »Brummifahrerin« tätig zu werden.

Aber warum haben dann heute auch viele Frauen eine so vehemente Abwehr gegenüber Kochen und Haushaltsführung, wenn dies doch in ihrer Natur angelegt wäre?

Hierfür gibt es vier Gründe:

1. Der Beruf der Hausfrau und Mutter erfährt heute größtenteils wenig Anerkennung.
   Eine Frau, die ausschließlich diesem Beruf nachgeht, wird häufig als »Dummchen« am Herd, als unmündiges Wesen oder als in der Entwicklung zurückgebliebenes »Mäuschen« belächelt, während eine Frau, die einer bezahlten beruflichen Tätigkeit nachgeht, oft ein viel höheres Sozialprestige genießt.
2. Sehr viele Frauen erlernen die Kochkunst nicht oder nur unzureichend. Und hier gilt: Wer eine Anlage oder Fähigkeit nicht oder nur mangelhaft ausbildet, hat damit wenig Spaß und Freude. Im übrigen ist es ist sehr viel leichter, eine Fähigkeit zu entwerten als sie zu erlernen.

3. Die feministische Bewegung hat in vielen Frauen die Angst entstehen lassen, ausgenutzt zu werden, dem Mann dienen zu müssen, nur Erfüllungsgehilfin seiner Wünsche zu sein. Die Erwartung des Mannes, ein warmes Essen vorzufinden, empfinden manche emanzipierte Frauen als Zumutung.
4. Viele Frauen sind aufgrund ihres hohen Nikotin-, Koffein- und Alkoholkonsums selten hungrig oder glauben, auf ihre schlanke Linie achten zu müssen und nehmen deshalb oft nur Kleinigkeiten zu sich. Die Vorstellung mancher Männer, einfach nur mitessen zu können, wenn die Frau ohnehin für sich kocht, erweist sich in diesen Fällen als Illusion.
5. Frauen, die einem Fulltimejob nachgehen, haben abends meist keine Kraft und Lust mehr, noch groß in der Küche tätig zu werden. Sie wollen lieber in ein vornehmes Restaurant ausgeführt werden oder erwarten vom Mann, dass er zumindest die Hälfte der Kocharbeiten übernimmt.

Zu 1.):

Ganz wichtig wäre, dass der Hausfrauenberuf genauso anerkannt und geachtet wird wie andere Berufe, ja mehr noch: Es sollte ins öffentliche Bewusstsein dringen, dass dieser Beruf einer der wenigen ist, der sinnvoll und interessant zugleich ist.

Die meisten anderen Tätigkeiten, die Frauen heute verrichten, sind so spezialisiert und der Natur entfremdet, dass damit weniger Erfüllung möglich ist.

Doch dadurch, dass bei den anderen Berufen ein Gehalt bezahlt wird, scheint die Arbeit dort vordergründig mehr wert zu sein. Nicht die Arbeit der Hausfrau als solche wird niedriger eingestuft, sondern das Fehlen der entsprechenden Honorierung ist das ausschlaggebende Moment. Denn wenn eine Frau dieselben Tätigkeiten, die sie zu Hause verrichtet, beruflich in der Außenwelt ausübt, wenn sie dort etwa als Köchin, Ökotrophologin, Gärtnerin, Erzieherin oder als Lehrerin tätig ist, wird ihr die entsprechende soziale Anerkennung zuteil. Vielleicht sollte man dem Beruf der Hausfrau einen anderen Namen geben. Die Berufsbezeichnung »Home-Managerin« wäre eindeutig passender, weil dadurch die Organisations- und Koordinationsleistung, die mit der Hausarbeit verbunden ist, sowie deren Komplexität stärker ins Bewusstsein rücken würde.

Außerdem setzt das Beherrschen der Kochkunst sehr viel mehr voraus als viele Bürotätigkeiten. Eine solche kann meist bereits nach wenigen Tagen geistig erfasst werden, während die Kochkunst sehr viel differenzierter ist und kaum unter einigen Jahren zu erlernen ist.

Die Kochkunst beinhaltet:
- Geschmacksbildung
- Kreativität
- Vermögen, zwischen hochwertigen und eher minderwertigen Lebensmitteln zu unterscheiden
- Erfassung von Zusammenhängen
- richtiges Timing
- Lagerung, Vorratshaltung
- wirtschaftliches und rationelles Vorgehen
- infühlungsvermögen
- Sinn für Komposition
- Koordinationsfähigkeit
- Gefühl für richtige Dosierung
- Wissen über die Bestandteile der Nahrung: Vitamine, Mineralstoffe, Enzyme, Spurenelemente, Fette, Kohlenhydrate, Eiweiß
- ständige Weiterbildung (Man kann das Repertoire erweitern, für mehr Abwechslung sorgen etc.)

Die beiden letzten Punkte machen auch den Unterschied aus

zwischen der durchschnittlichen Hausfrau der fünfziger und sechziger Jahre des vergangenen Jahrhunderts und der Home-Managerin von heute.

Die typische Hausfrau der fünfziger Jahre hat unreflektiert und ungeachtet ernährungsphysiologischer Erkenntnisse die überlieferte regionale Küche nachvollzogen. Sie wusste kaum etwas über die Inhaltsstoffe und die Wirkungen der Nahrung. Sie kochte einfach das, was man in diesem Landstrich schon immer gekocht hat und was ihr in diesem Rahmen spontan eingefallen ist. Dass es sich dabei sehr häufig um ungesunde Kost gehandelt hat, kann man unschwer am Beispiel der derben bayrischen Kost erkennen, bei der vorwiegend Fleischkost wie Schweinebraten mit Knödel, Kalbsbraten, Suppenfleisch, Hirnsuppe, »Fleischpflanzl«, Lunge, Presssack, Schweinskopfsülze, Weißwurst sowie Blut- und Leberwurst serviert wird.

Eine solche Hausfrau kochte einfach jahre- und jahrzehntelang immer so eine Kost, ohne jemals aus anderen Küchen, etwa aus der französischen oder italienischen Küche, Impulse einfließen zu lassen. Die Folge war meist eine einseitige Ernährung, deren Ergebnisse bekannt sind: Fettleibigkeit, Bluthochdruck, Arteriosklerose, Leberschäden, Herzinfarkt . . .

Aber man muss diesen Frauen zugute halten, dass sie wenigstens noch guten Willens waren, überhaupt Mahlzeiten auf den Tisch zu bringen.

Die nachfolgenden Generationen sind häufig noch auf diese Mütter angewiesen, wenn sie einmal etwas anderes als Fastfood essen wollen.

Zwar verfügen auch jüngere Frauen oft über wunderschöne Küchen, doch diese sind meist nur Prestigeobjekte, denn gekocht wird darin so gut wie nie. Die sündhaft teure Küche ist für viele Haushalte wirtschaftlich gesehen eine Fehlinvestition, als »Teeküche« hätte ein Zweiplattenherd und eine kleine Spüle vollauf ausgereicht.

Nach der unbewusst agierenden Hausfrau und dem Typus der Verweigerin könnte jetzt ein neuer Frauentypus die Bühne betreten: eine Frau, die sich der Tragweite bewusst ist, die mit der Ernährung verbunden ist, die weiß, was es bedeutet, die Macht in der Küche inne zu haben und wie wichtig eine abwechslungsreiche, vollwertige und gesunde Ernährung für sie und ihre Familie ist.

Zu 2.):
Im Zuge der Emanzipation der Frau wurde das Bildungsniveau des weiblichen Geschlechts angehoben.

Dies ist zwar sehr zu begrüßen, doch leider konnten die **Inhalte** dieser Art von Bildung kaum zu einer besseren Lebensqualität beitragen.

Latein, Altgriechisch, Mathematik, Physik und Chemie sind im Berufsleben sowie im Haushalt nur ganz selten von Nutzen. Studienfächer wie Anglistik, Romanistik, Kunstgeschichte etc., die von Frauen an der Hochschule besonders gern belegt werden, sind im täglichen Leben genauso wenig zu gebrauchen.

Die meisten Frauen haben am Leben und an der Wirklichkeit vorbeigelernt. Aufgrund ihres Reifezeugnisses, ihres Diploms oder ihrer Promotionsurkunde wird ihnen zwar hohes Sozialprestige zuteil, aber der eigentliche Lernprozess des Lebens beginnt für sie erst nach dem Abitur oder dem Hochschulabschluss. Wie man diesen meist leidvollen Weg abkürzen und bessere Voraussetzungen für das eigene Leben schaffen kann, siehe Ausführungen über Aufgabe 6, Seite 100 und 175 ff.

Die Schwierigkeit liegt nun darin, dass die Betreffende guten Glaubens ist, eine wertvolle Mitgift in ihre zukünftigen Partnerschaften einzubringen, nämlich die einer modernen, gebildeten Frau, mit der man auch tiefsinnige Gespräche führen kann, und die sich nicht zu einem »Heimchen am Herd« degradieren lässt.

Welche Konsequenzen hat eine solche Einstellung für sie und ihren Partner?

Sollen sie und ihr Partner ein Leben lang jeden Tag zum Essen in Restaurants gehen?

Tatsächlich schossen im Zuge der Emanzipation der Frau Restaurants wie Pilze aus dem Boden. Restaurants boomten und boomen wie nie zuvor. In den größeren Städten pilgern tausende – nobel gestylt – in die Restaurants und lassen sich von Köchen (Männern!) bekochen und von Obern (Männern!) bedienen.

Bis in diesen Lokalen all die Rituale wie Aufnahme der Bestellung, das Servieren von Getränken, Aperitif, Vorspeise, Hauptspeise, Nachspeise und, nicht zu vergessen, das Ritual der Bezahlung absolviert sind, vergehen oft Stunden. Auf Dauer kann sich kaum ein Mensch einen solchen Zeit- und Energieaufwand leisten, ganz zu schweigen von den enormen Kosten, die damit verbunden sind. Hinzu kommt, dass das ständige Essen in manchen Restaurants für die Gesundheit nicht gerade förderlich ist. Um den Gewinn zu steigern, werden nämlich dort oft weniger hochwertige Nahrungsmittel und auch Zusatzstoffe verwendet, die den menschlichen Organismus langfristig belasten könnten.

Was gibt es denn sonst noch für Möglichkeiten, um an ein Essen heranzukommen?

Den Pizzadienst anrufen? Sich belegte Brote machen? Chips beim Fernsehen knabbern? Tiefkühlkost wie Fischstäbchen, Blattspinat etc. im Mikrowellenherd erhitzen? Einen Vertrag mit der Organisation »Essen auf Rädern« abschließen? Oder sich vom Partner ein Essen aus der Firmenkantine mitbringen lassen?

Dies alles sind Möglichkeiten, von denen man durchaus hin und wieder Gebrauch machen kann, aber auf Dauer ist das keine gute Lösung des Problems. Letztlich führt kein Weg daran vorbei, dass die Frau die Kochkunst erlernt und praktiziert, sonst bleibt die Geborgenheit auf der Strecke, sonst kommt nur selten ein richtiges Familienleben auf, sonst besteht die Gefahr, dass ihr Partner, ihre Kinder und sie selbst an Fehlernährung leiden.

Und Fehlernährung bewirkt Figurprobleme und Krankheiten.

Die moderne Frau im neuen Jahrtausend übernimmt für ihre eigene Gesundheit und die ihrer Familie selbst die Verantwortung und überlässt sie nicht allein den Ärzten und den Köchen in den Gaststätten und Restaurants.

Zu 3.):

Wenn eine so genannte emanzipierte Frau sagt: »Ich will niemals einem Mann dienen! Das ist für mich das Letzte!«, bedenkt sie meist nicht, dass der Mann auch ihr »dienen« muss, indem er zuerst in mühseliger Arbeit das Geld verdient, das erforderlich ist, um sie unter anderem zum Essen in ein Restaurant einladen zu können. Die meisten Männer müssen mindestens zwei bis drei Stunden arbeiten, um genügend Geld für einen Restaurantbesuch zu verdienen. Es steht jedem frei sich auszurechnen, wie viele Stunden ein Mann einer Frau »dienen« muss, wenn er ihr den jährlichen Urlaub finanziert.

Der Begriff »Dienen« sollte nicht falsch verstanden werden.

Wann ist Dienen die Erfüllung einer Aufgabe und wann kann man von einem Dienen im Sinne einer demütigenden Unterordnung sprechen?

Die Zubereitung eines Essens ist eine hohe Kunst und sollte nicht gedankenlos mit Dienen und Unterordnung in Verbindung gebracht werden. Außerdem kocht eine Frau ja nicht nur für ihren Mann, sondern auch für sich selbst und ggf. auch für ihre Kinder.

Ferner vergisst die »emanzipierte« Frau meist, dass sie in der Firma oder Institution, in der sie arbeitet, sehr viel mehr dem Chef oder der Chefin »dienen« muss als im Privatleben ihrem Mann bzw. ihrer Familie.

In der Firma oder Institution muss sie den ganzen Tag mcist sinnentleerte, stereotype Tätigkeiten verrichten, muss sich häufig ständig selbst verleugnen, hat nur wenig Zeit, um über sich nachzudenken oder um Aufgaben zu erledigen, die für sie wichtig wären. Oft besteht während des Arbeitsprozesses nicht einmal die Möglichkeit, Obst zu essen oder Getränke zu sich zu nehmen.

Kaum ein Ehemann wird die Zeit zwischen 8 und 17 Uhr überwachen, wie dies im Arbeitsleben der Fall ist.

Im Grunde genommen hat die Emanzipation keine wirkliche Befreiung gebracht: Es wurde lediglich die Abhängigkeit vom Mann gegen die Abhängigkeit vom Arbeitgeber vertauscht. Diese Feststellung darf jedoch nicht als Rechtfertigung verstanden werden für den reaktionären Ruf: Frauen zurück zu den 3 Ks (also zu Küche, Kindern und Kirche), sondern soll vielmehr den Begriff »Dienen« relativieren helfen.

Im Grunde muss jede Frau entsprechend ihren Anlagen und Fähigkeiten, ihrer biografischen Situation und ihren Rahmenbedingungen die für sie richtige Lebensform finden.

Wenn etwa die Kinder noch klein sind, werden Frauen wohl kaum einem Fulltimejob nachgehen können. Hingegen können sie sich überlegen, wenn die Kinder selbständiger geworden sind, ob sie eine Halbtagsarbeit übernehmen können. Wenn sie in einem solchen Rahmen tätig werden, haben sie auch eine Regel des Managements beachtet, nämlich Risiken möglichst zu splitten. Die einseitige Abhängigkeit vom Mann wird reduziert.

Übrigens: Auch Männer sind abhängig, und zwar von den Frauen, Arbeitgebern, Kunden oder Klienten.

Totale Unabhängigkeit gibt es auf dieser Welt nicht!

Noch etwas zum Thema Finanzen: Da eine Frau, wenn sie den Beruf der Hausfrau und Mutter gewählt hat, über kein eigenes Einkommen verfügen kann, sollte sie mit ihrem Mann eine Vereinbarung treffen. Wenn ihr Mann gut verdient, kann er ihr z.B. monatlich einen Betrag überweisen, den sie zinsgünstig oder in Aktienfonds anlegen könnte, so dass sie sich im Laufe der Jahre eine finanzielle Sicherheit aufbauen kann.

Falls das Einkommen des Mannes nicht ausreicht, um damit der Frau eine finanzielle Basis schaffen zu können, muss sie eine andere Strategie verfolgen, z.B. im Rahmen ihrer Ausbildung und ihrer Fähigkeiten stundenweise tätig werden. Auch hier stellt sich wieder die Frage, ob die Betreffende imstande ist, die erworbenen Finanzen so effizient zu investieren, dass damit langfristig eine finanzielle Sicherheit gewährleistet ist. In dieser Hinsicht muss auch die Frau sich mit dem Thema Finanzen auseinander setzen, damit sie die für sie richtige Anlagestrategie wählen kann.

Zu 4.):

Viele Männer klagen darüber, dass für sie kaum ein Vorteil mehr damit verbunden ist, wenn sie mit einer Frau zusammenziehen. Entweder müssen sie die Hälfte der Hausarbeit übernehmen, oder sie müssen die Frau ständig zum Essen einladen.

Aus diesem Grunde ist abzusehen, dass die Bindungsbereitschaft der Männer immer mehr schwinden wird.

Manche Frauen machen den Männern Hoffnung, indem sie sagen, sie wären schon bereit zu kochen, allerdings nur dann, wenn sie dazu Lust hätten.

Auf diese Weise sind tausende von Männern nahrungsmäßig »obdachlos«. Sie wissen den ganzen Tag lang nicht, ob sie am Abend bekocht werden oder nicht.

Nur wenige halten diesen stressigen Zustand längere Zeit ohne psychische Probleme aus.

Die meisten ziehen weiter, immer auf der Suche nach Geborgenheit, nach Nahrung, frischer Wäsche und einem behaglichen, sauberen Heim.

Kurzum: Die Küche, der schön gedeckte Tisch, der Duft von schmackhaften Speisen, sowie eine liebevolle Atmosphäre tragen entscheidend zur Geborgenheit bei und lassen oft erst das Gefühl eines Zuhauses oder einer Heimat aufkeimen.

Zu 5.):

Eine Frau, die ganztägig berufstätig ist, kann unmöglich ihre sechs weiblichen Aufgaben ausreichend erfüllen. Sie hat nicht genug Zeit, um den Haushalt zu führen, zu kochen, die Wohnung schön und behaglich zu gestalten, den Kindern eine gute Mutter zu sein, in der Erotik eine große Verführerin und wunderbare Liebhaberin, die immer wieder mit neuen Überraschungen aufwartet, und dabei geistig ständig up to date zu sein, indem sie die neuesten Werke liest und Weiterbildungsveranstaltungen auf den verschiedensten Lebensgebieten besucht.

Trotzdem versuchen dies tausende von Frauen mit dem Ergebnis, dass sie all ihre Aufgaben nur provisorisch erfüllen können. Nichts hat dabei »Hand und Fuß«. Die Sieben-Minuten-Päckchensuppe, der Leberkäse mit Ei, die schnelle Überprüfung der Hausaufgaben der Kinder, ein paar Zeilen in dem Liebesroman »Die Försterchristl vom Böhmerwald« während der U-Bahnfahrt zur Arbeitsstelle und der fünfminütige Koitus noch kurz vorm Einschlafen – mehr ist meist in der Kürze der Zeit nicht möglich.

Eine Frau, die ganztägig berufstätig bleiben oder werden will, muss der Realität ins Auge sehen und erkennen, dass sie dann letztendlich nur für eine Partnerschaft mit zwei getrennten Single-Haushalten oder nur für eine Beziehung zu einem verheirateten Mann geeignet ist, nicht aber für einen *gemeinsamen* Haushalt, bei dem alles funktionieren und keiner zu kurz kommen soll. Wenn sie das erkannt und akzeptiert hat, erspart sie sich selbst und ihrem jeweiligen Partner sehr viel Leid – und viel Zeit und Kraft, die bei den aussichtslosen Versuchen vergeudet werden, doch noch das Unmögliche möglich machen zu können.

Fazit: Die Natur hat in der Frau den Drang angelegt, ihre Kinder und ihren Mann mit Nahrung zu versorgen. Durch eine falsch verstandene Form der Emanzipation der Frau wird diese Naturanlage unterdrückt, entwertet und manchmal sogar lächerlich gemacht. Diese Entwertung wird primär von den eigenen Geschlechtsgenossinnen vorgenommen, meist von denjenigen, die im Zuge der allgemeinen Neurotisierung keinen Zugang mehr zu ihrer wahren weiblichen Natur haben und denjenigen, die die Kochkunst oft nur deshalb entwerten, weil sie diese nicht beherrschen.

Wie auch immer man es drehen und wenden mag, es führt kein Weg daran vorbei, dass die Frau sich für das leibliche Wohl der Familie verantwortlich zeichnen muss. Wenn sie partout nicht kochen kann oder will, muss sie eben ihre Organisations- und Managementfähigkeiten einsetzen, um zu gewährleisten, dass die Familie mit Nahrung versorgt ist. Und was die übrigen Arbeiten im Haushalt betrifft:

Vielen Frauen ist nicht bewusst, dass man nicht Millionär sein muss, um sich eine Putzfrau, Zugehfrau oder Teilzeit-Haushaltshilfe leisten zu können. Evident ist jedoch, dass eine Verweigerung der Aufgabe 1 vonseiten der Frau dem gleichkommt, als würde der Mann seine Aufgabe 1 verweigern. Wie würde eine Frau wohl reagieren, wenn ihr Partner sagt: »Ich möchte nie mehr arbeiten. Ich fühle mich wohl in meiner Arbeitslosigkeit und ich möchte nicht für die Finanzen verantwortlich sein.«

Fragen, die Sie sich als Frau bezüglich der Aufgabe 1 stellen könnten:

- Habe ich eine Abwehr gegen das Kochen? Wenn ja: Worauf ist diese Abwehr zurückzuführen?
- Welche Einstellung habe ich zur Haushaltführung und zum »Hausfrauenberuf«?
- Habe ich als Frau die Verantwortung für mein leibliches Wohl, das meines Partners und unserer Kinder übernommen?
- Nehme ich gesunde, abwechslungsreiche Kost zu mir?
- Tendiere ich mehr zur überlieferten regionalen Küche oder lasse ich mich auch von anderen Ernährungsrichtungen inspirieren?
- Wie oft speise ich in Restaurants?
  - o einmal im Monat
  - o einmal die Woche
  - o mehr als einmal die Woche
  - o jeden Tag
- Welche Möglichkeiten bestehen, auch dann ein gutes Essen auf den Tisch zu bringen, wenn ich nicht kochen kann oder will?
- Warum sind heute trotz materiellen Überflusses so viele Menschen fehlernährt?
- Wie kann ich als Frau die für mich richtige Lebensform finden?
- Inwieweit habe ich meine Managementfähigkeiten ausgebildet?

Welche Folgen hat es, wenn eine Frau ihre Aufgabe 1 nicht erfüllt?

Viele Frauen brauchen sich nicht zu wundern, dass Männer nur das Eine wollen, da sie sich für das Andere, nämlich die Versorgung mit Essen, nicht zuständig fühlen. Wenn sie sich weigern, für Essen und Trinken Sorge zu tragen, ignorieren sie Grundbedürfnisse des Menschen, nämlich das Stillen von Hunger und Durst, und haben dafür auch die Konsequenzen zu tragen. Liebe geht auch heute noch durch den Magen. Deshalb werden Frauen, die diesen Grundsatz nicht beachten, meist früher oder später von ihren Partnern verlassen oder müssen ihr Leben in unglücklichen Beziehungen verbringen.

Vielleicht ist der Mann anfangs – während der euphorischen Phase der Partnerschaft – noch bereit, sich selbst mit Nahrung zu versorgen oder in der Küche mitzuhelfen, aber da er hierfür von Natur aus nicht geschaffen ist, erlahmt er schließlich in seinen Bemühungen. Er sehnt sich nach warmen Mahlzeiten, die von seiner Partnerin zubereitet werden, so wie er es damals bei »Muttern« gewohnt war. Nachdem die erste sexuelle Faszination geschwunden ist, bemerkt er häufig, dass er allmählich Aggressionen auf seine Partnerin bekommt, die er aber – das verbietet ihm sein strenges Überich – nicht mit seinem ständigen Hunger oder mit dem ständigen Essengehen-Müssen in Verbindung bringt. Er greift sie dann wegen Nichtigkeiten an oder nörgelt ständig an ihr herum, ohne auch nur im Geringsten zu ahnen, um was es tatsächlich geht und was ihm wirklich fehlt, nämlich ein Zuhause, ein warmes Essen, die Geborgenheit.

Und so zieht der Mann weiter, glaubt bei anderen Frauen mehr Erfüllung zu erleben – und wird dort meist wieder enttäuscht. Bis er sich eines Tages eingestehen muss: »Ja, meine

›Heimat‹ ist im Fastfood-Restaurant und bei dem Italiener um die Ecke.«

Aber auch eine andere Schwierigkeit kann entstehen: Wenn er zwar das nötige Geld heimbringt und sie bereit ist, zu kochen, aber nicht die Art von Kost zubereitet, die er sich wünscht. Etwa wenn er Wiener Schnitzel will, sie ihm aber permanent biologische Vollwertkost vorsetzt. In solchen Fällen sollte man Kompromisse schließen, prinzipiell aber der Kost Vorrang einräumen, die gesünder ist.

Was passiert, wenn ein Mann die Aufgabe 1 der Frau übernimmt?

Besonders ungünstig wirkt sich aus, wenn ein Mann aufgrund seiner Schwäche auf männlichen Feldern kompensatorisch in den Aufgabenbereich der Frauen überwechselt und zum Hausmann wird. Nicht umsonst – das ist statistisch belegt – gehen 78 Prozent der Ehen bereits nach kurzer Zeit auseinander, in denen der Mann als Hausmann fungiert. Indem er kocht, putzt und wäscht und gänzlich die Verantwortung für den Haushalt übernimmt, büßt er durch die Ausübung dieser »weiblichen« Tätigkeiten so sehr an sexueller Anziehungskraft ein, dass jede Frau – auch die, die vorher dafür plädiert hat – die Lust verliert. Manche Frauen erkranken in solchen Fällen sogar an Lubricatio deficiens (Trockenbleiben der Vagina).

Falls seine Partnerin nicht oder nur halbtags berufstätig ist, muss er sich auf alle Fälle gegen die Erwartung, im Haushalt mitzuhelfen, wehren. Grenzt er sich hier nicht strikt ab, besteht die Gefahr, dass er seine eigenen männlichen Aufgaben vernachlässigt und von daher wiederum negative Konsequenzen erfährt. Deshalb hat auch ein Mann, der kreatives Potential, Ehrgeiz und Führungsqualitäten besitzt, häufig große Versäumnisängste, während er die Aufgabe 1 der Frau übernimmt. Er hat verständlicherweise Angst, dass er dabei seine beruflichen Ziele aus den Augen verliert. Er kann keine Projekte mehr durchführen, muss z.B. seine Forschungen einstellen, kann keine Erfindungen machen, kann keine Firma aufbauen, keine Geschäfte mehr tätigen, seine kreativen Ideen versiegen, an Innovationen ist nicht mehr zu denken.

Ist die Frau ebenso wie er ganztägig berufstätig, ist es für ihn günstig, nur solche Tätigkeiten zu verrichten, die mit seiner männlichen Natur noch am ehesten zu vereinbaren sind wie z.B. Einkäufe erledigen oder Gartenarbeit leisten. Ansonsten verkommt er auch hier zum Hampelmann der Frau. Er strebt einer Illusion nach, weil der Tag nie kommen wird, an dem er es ihr recht machen kann.

Doch wenn beide ganztägig berufstätig sind, dürfte Hausarbeit eigentlich kein Thema mehr sein, weil sie mit Sicherheit zusammen genügend verdienen, um sich eine Teilzeit-Haushaltshilfe leisten zu können.

»Die Wohnung ist ein Ort, der die Persönlichkeit seiner Bewohner widerspiegelt und Raum zum Wohlfühlen bietet.«

Die Aufgabe 2 der Frau

Die Aufgabe 2 der Frau umfasst:

Aneignung von Kenntnissen über Innenarchitektur
Entwicklung von Designerfähigkeiten
Entwicklung der Fähigkeit zu dekorieren und zu gestalten
Ausbildung des eigenen Geschmacks
Beschäftigung mit Stil- und Farbenlehre
Entwicklung der Fähigkeit, aus der Wohnung einen Hort
der Geborgenheit zu machen
Inanspruchnahme des Rechts auf ein eigenes Zimmer
Aneignung von Wissen über Zimmer- und Balkonpflanzen

Das Gesetz von Inhalt und Form besagt, dass sich Erfolg und Erfüllung erst dann einstellen können, wenn die eigenen Inhalte, d.h. die eigenen Empfindungen, Gedanken und Vorstellungen in eine entsprechende Form gebracht worden sind.

Auf den ersten Blick scheint es sehr einfach zu sein, dieses Gesetz zu befolgen, bei näherer Betrachtung jedoch ergeben sich dabei oft eine Menge Schwierigkeiten. Wenn eine Frau z.B. versucht, ihre Aufgabe 2 zu erfüllen, stellt sich die Frage, ob sie bei der Einrichtung ihrer Wohnung wirklich ihre eigenen Gefühle und Gedanken in äußere Formen bringt oder sich nur nach vorgegebenen Mustern und Modetrends richtet. Es macht einen großen Unterschied, ob sie ihre eigene Identität gefunden hat und dieser in ihrer Wohnung Ausdruck verleiht oder ob sie sich lediglich mit einer Rolle identifiziert, die sich dann in ihrer Wohnung manifestiert. Ist

Letzteres der Fall, tut sie so, als ob sie einem Idealbild entspräche, von dem sie glaubt, damit bei ihren Mitmenschen besser anzukommen und von ihnen mehr Anerkennung zu bekommen. Hierbei ist auch wichtig, welches Idealbild ihr Partner anstrebt. Je ähnlicher die Masken sind, die beide Partner tragen, und je ähnlicher die Rollen sind, in denen sie gesehen werden wollen, desto weniger Schwierigkeiten und Konflikte sind bei der Einrichtung ihres Heims zu erwarten.

Wollen etwa beide sich als gut situiert, heimatverbunden und finanziell prosperierend darstellen, werden sie eher zu einer Wohnungseinrichtung im Landhausstil tendieren, identifizieren sie sich mehr mit Rollen, bei denen sie dokumentieren wollen, aus gutem Hause zu kommen oder von edlem Geschlecht abzustammen, alten Geldadel oder akademische Würden und Ehren zu verkörpern, werden sie vermutlich schwere englische Möbel und kostbare Perserteppiche wählen. Paare, die gerne die Rolle von gebildeten Bürgern spielen, die aufgeklärt und progressiv sind, aber dabei traditionelle Werte in Ehren halten, vielleicht in einer Elterninitiative tätig sind und ihre Kinder in eine Waldorfschule, einen Montessori-Kindergarten oder in eine Privatschule schicken, fühlen sich vielleicht von einer Einrichtung im Jugendstil angezogen oder suchen nach einer Altbauwohnung, deren hohe Wände mit Stuck verziert sind.

Ungünstig ist es hingegen, wenn Mann und Frau unterschiedliche Einrichtungsstile bevorzugen, etwa wenn er für moderne Designermöbel aus Glas und Stahl plädiert, sie aber für antike Möbel in Mahagoni schwärmt.

Eine solche Geschmacksinkongruenz ist ein grellrotes Signal dafür, noch einmal zu überprüfen, ob man wirklich zusammenpasst. Es ist ein Unterschied, ob man in Geschmacksfragen nicht übereinstimmt oder ob man z.B. eine andere Sportart bevorzugt. Geschmack ist das in Form gebrachte Fühlen und Denken eines Menschen. Er drückt dessen Lebensgrundstimmung aus. Und je mehr sich Fühlen und Denken potentieller Partner voneinander unterscheiden, desto kleiner ist die Basis für eine dauerhafte und harmonische Beziehung.

Wenn beide Partner den gleichen oder einen ähnlichen Geschmack haben, heißt das allerdings nicht, dass sie sich deshalb auch sonst im Leben gut verstehen werden. Das wäre nur der Fall, wenn der Geschmack von beiden tatsächlich Ausdruck **eigener** Gefühle und Gedanken ist und nicht Ausdruck der Identifikation mit einer Rolle.

Wenn die englischen Möbel, die antike Inneneinrichtung, der Jugendstil, die Biedermeier-Möbel oder die moderne Möblierung wirklich der wahren Natur ihrer Besitzer entsprechen, sind Inhalt und Form in Einklang. Diese Harmonie bewirkt positive Rückmeldungen des Schicksals.

Besteht jedoch eine Diskrepanz zwischen Inhalt und Form oder können Menschen die Rolle, mit der sie sich identifiziert haben, auf Dauer nicht aufrechterhalten bzw. können sie das Ideal, das sie anstreben, in Wirklichkeit gar nicht leben, wird sich dies ungünstig auswirken. Nicht nur, weil nach außen hin ein falscher Eindruck erweckt wird, sondern auch, weil andere Menschen Falsches auf die Betreffenden projizieren. Dadurch ziehen sie a priori die für sie falschen Freunde an, mit denen eine fruchtbare Kommunikation nur schwer zustande kommt.

Insofern bringt auch eine Konstellation, bei der die Frau einen bestimmten Stil bevorzugt, der Mann aber nur so tut, als ob er diesem Stil entsprechen würde, große Probleme, die anfangs kaum zu bemerken sind, die aber im Laufe der Zeit immer mehr Gestalt annehmen.

Wenn Millionen Menschen dieselbe Stilrichtung bevorzugen, ist es unwahrscheinlich, dass dies Ausdruck von deren eigener Identität ist. Vielmehr ist hier zu vermuten, dass viele davon bestimmte Möbel nur deshalb gut finden, weil sie glauben, damit Anerkennung in der Umwelt gewinnen zu können. Doch wenn die Inneneinrichtung einer Wohnung als

»Persönlichkeitsprothese« fungiert, können darin weder echte Geborgenheit gefunden noch Heimatgefühle erlebt werden.

So wie die Frau einem werdenden Kind in ihrer Gebärmutter ein Zuhause, Geborgenheit und Schutz bietet, so ist quasi die Wohnung die Gebärmutter auf einer neuen Symbolebene. Da es sich hierbei um ein weibliches Prinzip handelt, haben Frauen meist mehr Talent als Männer, eine Wohnung schön und ästhetisch einzurichten, sie in einen Hort der Geborgenheit zu verwandeln.

Die Frau hat die Aufgabe, etwas aus der »Höhle«, die der Mann anbietet (Aufgabe 2 des Mannes) zu machen, sie zu schmücken und zu dekorieren, sie so zu gestalten, dass sich die ganze Familie darin wohl fühlt..

Wenn eine Frau den Zugang zu ihrer wahren Natur nicht verloren hat, hat sie eine Vision, eine Vorstellung oder ein geistiges Bild davon, wie die einzurichtende Wohnung nach Fertigstellung aussehen könnte.

Es ist wichtig, dass sich beide Partner mit jedem Gegenstand, d.h. mit jedem Stuhl, mit jeder Lampe, mit jeder Vase, mit jeder Tischdecke, mit jeder Serviette ... identifizieren bzw. damit leben können.

Diese Gegenstände sind nichts anderes als Materialisationen von dem, was sie schon immer als innere Bilder mit sich herumgetragen haben. Und wenn sie bei der Suche nach neuen Möbeln einen Einrichtungsgegenstand entdecken, der einem solchen inneren Bild entspricht, haben sie ein Déjà-vu-Erlebnis. Der Gegenstand ist ihnen vertraut und kommt ihnen bekannt vor, sie haben das Gefühl, als ob sie dieses Möbelstück schon immer gehabt hätten.

Man ist also erst dann wirklich zu Hause, wenn das innere geistige Bild von einer Wohnung im Außen manifest geworden ist und wenn man das Gefühl hat, als hätte man schon immer darin gewohnt.

Wir haben davon gesprochen, dass beide Partner solche Bilder in ihrer Psyche beherbergen, die dann danach streben, auch in der Außenwelt verwirklicht zu werden.

Erfahrungsgemäß haben jedoch Männer meist nur eine grobe Vorstellung davon, wie die Wohnung aussehen sollte, während Frauen aufgrund ihrer Naturbegabung den besseren Blick für die Details haben.

So kommt es auch, dass die Wohnungen von Männern, die einen Singlehaushalt führen, oft rein funktional eingerichtet sind. Sie weisen meist weniger Schnickschnack, weniger liebevoll ausgesuchte Accessoires auf, die summa summarum erst Geborgenheit und seelische Wärme vermitteln und ein Heim kuschelig und gemütlich machen können. Das, was meist in diesen Wohnungen fehlt, ist die Handschrift einer Frau, die in der Regel mehr Sinn für Formen und Farben hat und durch ihre Gabe zu Koordination und Komposition dem Ganzen erst die besondere Note verleiht.

Gehen wir noch einmal zurück zu der Situation, in der beide Partner ihrem eigenen Geschmack Ausdruck verleihen können und dabei Déjà-vu-Erlebnisse haben.

Die hierbei auftauchenden Glücksgefühle entschädigen die beiden fürstlich dafür, dass mit der Verwirklichung des tatsächlich eigenen Geschmacks oft keinerlei Anerkennung durch die Umwelt verbunden ist. Manchmal sprechen die anderen sogar von Geschmacklosigkeit oder mangelndem Niveau.

Man sollte sich jedoch von solchem Gerede nicht beirren lassen, wenn man sich seiner Sache sicher ist. Wenn man nach dem eigenen Geschmack eingerichtet ist, fühlt man sich wesentlich wohler und geborgener als mit einer Möblierung, die z.B. primär als Statussymbol fungiert, und ist deshalb weniger auf Anerkennung von außen angewiesen.

Ein weiterer wichtiger Punkt bei der Aufgabe 2 darf nicht vergessen werden: Jeder Mann und jede Frau brauchen ein eigenes Zimmer.

Solange eine Frau über kein eigenes Zimmer verfügt, hat sie keinen »festen Platz«, geht sie zu sehr in der Familie auf, ist sie zu wenig in sich selbst zentriert. Echte Emanzipation aber setzt voraus, dass sie aus einem sicheren Zentrum heraus im Leben operiert.

Das eigene Zimmer ist hierbei die äußere Widerspiegelung und Manifestation dieses inneren Zentrums. Es fungiert als Verstärker ihres neu gewonnenen seelischen Reviers und bringt ihr mehr Selbstsicherheit und Selbstbewusstsein. Das eigene Zimmer stellt nicht nur eine Rückzugsmöglichkeit und ein eigenes Refugium dar, in dem sich ihr inneres Wesen ausdrücken und entfalten kann, sondern hat auch eine positive Wirkung auf das Sexualleben. Es ermöglicht einen gesunden Wechsel zwischen Nähe und Distanz, der die gegenseitige erotische Anziehung lebendig hält. Hinzu kommt, wie eine Umfrage ergab, dass 87 Prozent der Befragten nur dann gut schlafen können, wenn sie die Nacht allein verbringen.

Das gemeinsame Schlafzimmer ist eigentlich ein Relikt aus längst vergangenen Zeiten, in denen die meisten Menschen unreflektiert vorgegebene Schemata und Normen erfüllten, ohne angemessen auf eigene Bedürfnisse zu achten und ohne deren ungünstige Langzeitwirkungen auf die Partnerbeziehung zu erkennen.

Sicherlich wird auch ein Paar, das sich mehr Gedanken über das Gelingen ihrer Beziehung macht, als das üblicherweise der Fall ist, hin und wieder eine Nacht zusammen verbringen. Wenn die Liebe besonders innig und das Bedürfnis zu kuscheln besonders stark ist, wird keiner der beiden Partner wegen einer neuen Norm seine Sachen packen und in sein Zimmer gehen. Aber solche Highlights sollten die Ausnahme bleiben, sonst verlieren sie ihre Faszination.

Noch etwas: Wohnungen mit dem üppigen Grün von gesunden Zimmerpflanzen haben eine harmonischere Wirkung auf unser Wohlbefinden als solche ohne pflanzliches Leben.

Die weibliche Natur hat von jeher einen größeren Bezug zu allem Lebendigen, also auch zu Blumen und Pflanzen. Eine Frau hat hierbei meist ein besseres »Händchen« als der Mann, weil der weibliche Versorgungstrieb, den wir bei der Aufgabe 1 kennen gelernt haben, auch auf die Pflanzen im Heim übertragen werden kann.

Wenn sie Spaß daran hat, kann sie mit Hilfe von Büchern und Seminaren ihr Wissen über Zimmer-, Balkon-oder Gartenpflanzen erweitern.

Fragen, die Sie sich als Frau bezüglich der Aufgabe 2 stellen könnten:

- Habe ich bei der Einrichtung tatsächlich meinen eigenen Geschmack verwirklicht?
- Gelingt es mir, meinen Inhalten Form zu verleihen?
- Bevorzugt mein Partner eine andere Stilrichtung?
- Habe ich mich aus Gründen der Anpassung für vorgegebene Klischees und Muster entschieden?
- Habe ich bereits ein eigenes Zimmer?
- Welche Gegenstände in meiner bzw. unserer Wohnung entsprechen nicht meiner wahren Natur?
- Ist es mir gelungen, meine Wohnung zu einem Hort der Geborgenheit zu machen?
- Habe ich mir Grundwissen über Stil und Farbenlehre angeeignet?
- Stehe ich der Baubiologie und der chinesischen Designphilosophie Feng Shui aufgeschlossen gegenüber?

Welche Folgen hat es, wenn eine Frau ihre Aufgabe 2 nicht erfüllt?

Die Aufgabe 2 der Frau hängt sehr eng mit ihrer Aufgabe 1 zusammen. Denn es nützt wenig, wenn die Wohnung zwar eine angenehme Atmosphäre ausstrahlt, aber es nichts zu essen gibt.

Die Aufgabe 2 ist die einzige Aufgabe, die normalerweise selbst von radikalen Feministinnen erfüllt wird. Allerdings versucht eine solche Frau hierbei meist, rigoros die eigenen Vorstellungen durchzusetzen, die für sie das Nonplusultra sind. Sie will mit dem Geld des Mannes ihren Geschmack im Wohnen verwirklichen. Doch kein Mann kann z.B. in einer Biedermeier-Wohnung heimisch werden, wenn ein solcher Einrichtungsstil ihm kalte Schauer über den Rücken laufen lässt. Falls er dagegen aufbegehrt, wird ihm nicht selten Mangel an gutem Geschmack unterstellt.

Es heißt also zu unterscheiden, ob eine Frau grundsätzlich ihre Aufgabe 2 vernachlässigt – etwa, wenn sie auf schöne Inneneinrichtung keinen Wert legt und die Wohnung vielleicht sogar mehr oder weniger verwahrlosen lässt oder ob sie nur aus der subjektiven Sicht ihres Partners diese Aufgabe nicht erfüllt, weil dieser z.B. einen anderen Geschmack hat.

Ein weiterer Streitpunkt bei dieser Aufgabe ergibt sich häufig wegen unterschiedlicher Sauberkeitsmaßstäbe. Wenn sie etwa möchte, dass er ihr dabei helfen soll, ihr persönliches Perfektionsideal in Bezug auf Sauberkeit zu erfüllen, dann geht das auf Dauer nicht gut. Manche Männer ziehen dann weiter, selbst auf die Gefahr hin, in ihren Singlehaushalten zu verkommen. Aber sie brauchen dann wenigstens nicht fremde Sauberkeitsideale zu erfüllen.

Aber auch ein anderes Symptom kann auftauchen, wenn die Wohnung ungemütlich ist und nicht zum Verweilen einlädt: Es entsteht ein überdimensionierter Ausgehdrang. Die Betreffenden drängt es nach draußen. Sie sind ständig auf Achse und vermeiden geflissentlich längere Aufenthalte im eigenen Heim. Diese Fluchtreaktionen sind meist mit enormen Kosten verbunden, die oft genug das eigene Budget übersteigen.

Was passiert, wenn ein Mann die Aufgabe 2 der Frau übernimmt?

Die Aufgabe 2 der Frau ist eine Aufgabe, die sich eine Frau nur selten aus der Hand nehmen lässt. Wenn ein Mann hier das Zepter übernimmt und das Einrichten und Gestalten der Wohnung zu seinem Aufgabengebiet macht, was bedeutet, die Tischdecken und Vorhänge auszusuchen, die passenden Blumen in die Bodenvase zu stellen, die Räume jeweils für Ostern, Advent und Weihnachten zu dekorieren, dann macht das nur Sinn, wenn er tatsächlich hierzu ein Talent und Freude dabei hat. Bei der Ausübung dieser Tätigkeiten verliert er weniger an Sexappeal, als dies etwa bei der Übernahme der Aufgabe 1 der Frau der Fall wäre. Das, was er dabei jedoch auf jeden Fall verliert, ist Zeit, wertvolle Zeit, die er eigentlich dringend bräuchte, um seine sechs männlichen Aufgaben optimal erfüllen zu können.

Fazit: Normalerweise weist ein Mann auf diesem Gebiet wenig Fähigkeiten auf. Er muss sich meist dazu überwinden, solche Tätigkeiten auszuführen. Jede Überwindung aber bedeutet, dass die eigene Natur missachtet und unterdrückt wird. Eine solche Unterdrückung aber zeitigt immer negative Folgeerscheinungen, die sich oft an Stellen zeigen, wo man nicht damit rechnet.

» Wenn die Kinder klein sind,
gib ihnen Wurzeln,
wenn sie groß sind,
gib ihnen Flügel.«

Die Aufgabe 3 der Frau

Die Aufgabe 3 der Frau umfasst:
- die Hege und Pflege der Kinder
- die Kindererziehung (Entwicklung von pädagogischen Fähigkeiten)
- das Umgeben der Kinder und des Mannes mit seelischer Liebe und Wärme
- das Kuscheln mit den Kindern und dem Mann
- das Schaffen von Geborgenheit
- das Austauschen von Zärtlichkeit

Die Beziehung zwischen einer Mutter und ihrem Baby ist etwas Einzigartiges. In keiner bekannten Gesellschaft wird die Mutter als erste und wichtigste Bezugsperson, als Hauptspenderin von Schutz, Obhut und Fürsorge infrage gestellt. Sozialwissenschaftler haben Versuche durchgeführt, in denen Väter im Rahmen von gemeinsam mit den Müttern durchgeführten Kursen über natürliche Geburt ermuntert wurden, sich aktiv am Vorgang der Geburt und an der Pflege des Säuglings zu beteiligen; und die Babys bekamen Mutter und Vater abwechselnd als Bezugspersonen. Es zeigte sich, dass schon nach wenigen Wochen trotz aller Bemühungen der Väter, an der Umsorgung des Babys teilzuhaben, die Mütter messbar engeren Kontakt mit dem Kind hatten. Ja, die Kinder waren sogar verwirrt und wollten ihre Mütter als primäre Bezugspersonen wiederhaben.

Die weibliche Zuneigung zu einem Säugling scheint angeboren, die männliche eine Funktion sozialen Lernens zu sein. Für Mütter ist das mit Elternschaft verbundene Verhalten etwas Natürliches, für Väter – bei allem guten Willen – nicht[2].

Ferner: Die weiblichen Hormone sind unauflöslich verknüpft mit dem Bedürfnis, für ein Kind zu sorgen. Mutter zu sein ist bestimmt nicht leicht für eine Frau, aber sie bringt dafür alle notwendigen Voraussetzungen mit: die sensuellen, die emotionalen und die anatomischen. Und – was auch immer die Prophetinnen der Frauenbefreiungsbewegung ihr einreden mögen – sie hat normalerweise auch den Wunsch, Mutter zu werden.

Dieser natürliche Wunsch nach einem Kind wird jedoch durch die Kollektivneurose oft verfälscht, sodass vielfach andere, manchmal unbewusste Motive, schwanger zu werden und Kinder zu haben, eine Rolle spielen:

Fragt man die Eltern nach ihren Motiven, warum sie sich Kinder wünschen, so bekommt man meistens zur Antwort:
»Weil wir kinderlieb sind.«
»Weil wir die Entwicklung eines Kindes miterleben wollen.«
»Weil ein Kind für uns die Erfüllung bedeutet.«
Manchmal hört man auch:
»Weil wir einem Wesen aus der Transzendenz eine Chance geben wollen, zu inkarnieren.«

Hinter diesen »edlen« Motiven können auch andere Motivationen – teils bewusst, teils unbewusst – vorliegen.

So streben viele eine Schwangerschaft an,
– um aus ihrem Beruf aussteigen zu können,
– um Steuervergünstigungen zu erhalten,
– um den Partner an sich zu binden,
– um aus dem Elternhaus ausbrechen zu können,

- um sich als Frau bestätigt zu fühlen,
- um gesellschaftlich anerkannt zu sein,
- um im Alter versorgt zu sein,
- um einen Stammhalter zu haben,
- um einen Geschäftsnachfolger zu haben,
- um die eigenen nicht erreichten Ziele durch das Kind als Stellvertreter doch noch zu verwirklichen bzw. um den eigenen Ehrgeiz zu befriedigen (z.B. Tochter wird Filmschauspielerin oder »Eisprinzessin«),
- um die eigene Kindheit nachzuholen,
- um dem Ideal der Familie zu entsprechen,
- um im Mittelpunkt zu stehen,
- um die Erwartungen der Eltern und Großeltern zu erfüllen,
- um einen Spielgefährten zu haben,
- um seinem Leben einen Sinn zu geben,
- um eine Erbschaft zu erhalten (es wird z.B. darauf spekuliert, dass die Großeltern den süßen Kleinen als Universalerben einsetzen),
- um die eigene Ehe zu kitten,
- um eine Nebenbuhlerin auszuschalten,
- um den Mann von sexueller Betätigung abzuhalten,
- um eigene Aggressionen und Wut am Kind auslassen zu können,
- um den eigenen Drang nach Autorität ausleben zu können,
- um mit anderen Menschen ins Gespräch zu kommen und Kontakte schließen zu können,
- um sich mit dem Partner nicht auseinander setzen zu müssen,
- um einen Bundesgenossen zu haben (z.B. im »Kampf« gegen den Partner),
- um einen seelischen Schuttabladeplatz bzw. Sündenbock zu haben,
- um eine Ehe zu erzwingen,
- um eine Zeitstrukturierung zu bekommen,

- um dienen zu können,
- um jemanden besitzen zu können,
- um ein Objekt für das Ausdrücken von Zärtlichkeit zu haben,
- um seinem inneren Kind Gelegenheit zu geben, sich auszudrücken,
- um die eigene Schutzbedürftigkeit ausleben zu können,
- um über die Mutterschaft die Macht des Chefs zu reduzieren,
- um Pflichten abwehren zu können,
- um eigene Anlagen nicht entwickeln zu müssen,
- um nicht selbständig werden zu müssen,
- um einen Grund zu haben, sich aufzuopfern,
- um Kontrolle ausüben zu können,
- um Hilfsbereitschaft ausleben zu können,
- um Überlegenheit ausspielen zu können,
- um einen Partnerersatz zu haben,
- um sich zu reproduzieren,
- um im Alter nicht allein zu sein,
- um einer Prüfung ausweichen zu können,
- um das Studium abbrechen zu können,
- um Erwartungshaltungen der Umwelt oder des Partners nicht erfüllen zu müssen (z.B. um im Geschäft des Mannes nicht mitarbeiten zu müssen),
- um die Geschwister ausstechen zu können,
- um ein Alibi zu haben, sich nicht mehr weiterbilden zu müssen,
- um die gleichgeschlechtliche Konkurrenzsituation in der eigenen Kindheit auf einer neuen Ebene wieder erleben zu können,
- um einem bereits vorhandenen Kind einen Bruder oder eine Schwester an die Seite zu stellen.

Das Kind sollte im Idealfall nur um des Kindes willen gewünscht werden und nicht als Mittel zu einem Zweck missbraucht werden. Es geht darum, dass eine Frau ihre Mutter-schaft bejaht, sich zu ihrer Natur bekennt, völlig neue Seiten ihrer Weiblichkeit entdeckt und mütterliche Qualitäten ent-wickelt. Sie wird dabei um eine ganz neue Dimension berei-chert. Doch just in dem Moment, wo Frauen die besten Chancen haben, ihre überlegenen natürlichen Fähigkeiten voll zu nutzen und lustvoll zu genießen, werden sie von einer gestrengen Schwesternschaft belehrt, dass dies eine minder-wertige und gesellschaftlich rückschrittliche Rolle sei und dass in Zukunft die Männer gleichermaßen oder gar primär für die Pflege und Erziehung von Kindern zuständig sein sollten.

Doch was hat der arme Mann mit seinen völlig anders ge-arteten Gehirnstrukturen und mit seinem maskulinen Hor-monstatus im Kinderzimmer verloren? Er ist ja von der Natur gar nicht für das Aufziehen von Kindern vorgesehen. Da er mit der Bewältigung seiner eigenen, ganz anders gear-teten Aufgaben genug zu tun hat, fehlt ihm zur Kindererzie-hung und -betreuung zudem oft die nötige Geduld und Muße. So mancher Mann spielt gern hin und wieder fünf bis zehn Minuten mit seinem Kind, aber seine Begeisterung lässt schnell nach, wenn das Kleine trockengelegt werden muss oder lauthals zu schreien beginnt. Außerdem hat er sich das Familienleben mit Kindern meist ganz anders vorgestellt. Nie hätte er gedacht, dass Kinder so anstrengend und stressig sein können, dass man kaum mehr Zeit für sich selbst hat, dass der Eros zu kurz kommt, z.B. spontaner Sex durch deren stän-dige Präsenz verhindert wird, dass man als Mann nach der Geburt des Kindes gewöhnlich nur noch die zweite Geige bei seiner Frau spielt, wenn überhaupt noch eine.

Damit sind wir bei einem ganz entscheidenden Punkt.

Ein Kind ist bis zum 3. oder 4. Lebensjahr mit der Mut-ter in enger Beziehung und muss dann sukzessive bei seiner weiteren Entwicklung einen langsamen, aber stetigen Los-lösungsprozess von der Mutter durchlaufen, um immer ei-genständiger zu werden. Im Zuge dieses Prozesses ist es für das Kind wichtig, über den Rand der eigenen Herkunft hinauszuschauen und auch in andere Familien Einsicht zu nehmen, um zu erkennen, dass das eigene Elternhaus nicht die Welt schlechthin ist, um Mama und Papa relativieren zu können.

Leider werden hier in vielen Familien entscheidende Fehler gemacht, die sich sowohl für das Kind als auch für seine Eltern ungünstig auswirken.

Der heutzutage am häufigsten gemachte Fehler ist, dass man nach der unsäglichen autoritären Erziehung nun ins Gegenteil verfällt und dem Kind eine Wichtigkeit einräumt, die es nie mehr im späteren Leben erlangen wird – es sei denn, es wird ein vergötterter Superstar oder Präsident der Vereinigten Staaten. Ein Kind ist wichtig, genauso wichtig wie ein Erwachsener, aber auch nicht wichtiger. Doch in vielen Haushalten avanciert das Kind zur wichtigsten Person, es lebt sich total aus, fordert das sofortige Stillen seiner Bedürfnisse, terrorisiert mit seinen Launen die Umwelt und degradiert seine Eltern zu Statisten. Es existiert nur noch ein Wesen in der Familie und das ist das Kind. Seine Eltern führen kein Eigenleben mehr – weder als Einzelwesen noch als Paar.

Die Wochenenden, die dazu geeignet wären, sich zu erholen und Kraft zu tanken, werden für die Eltern oft zur Hölle, da das Kind am Wochenende nicht wie an einem Wochentag im Kindergarten bzw. in der Schule untergebracht werden kann. Wenn sich zwei oder drei Elternpaare mit Kindern über drei Jahren zusammentun und eine Regelung treffen, bei der jeweils ein Paar an einem Wochenende alle Kinder nimmt und dafür an den darauf folgenden Wochenenden Zeit hat, um all die Dinge zu tun, die wegen des Kindes zu kurz gekommen sind – z.B. romantische Spaziergänge zu zweit, Sexualität und Lust, Sport und Spiel, anregende Diskussionen, Treffen mit Freunden – ist allen geholfen, auch den Kindern.

Denn sobald Vater und Mutter ihren »Akku« aufgeladen

haben, können sie wieder ausgeglichener und gelöster ihren Kindern begegnen.

Eine andere Form, die Aufgabe 3 der Frau zu verfälschen, ist die Haustierhaltung. In der Bundesrepublik Deutschland leben derzeit etwa 7 Millionen Hunde und 8 Millionen Katzen. Dabei ist vor allem der Umstand bemerkenswert, dass Hund und Katze immer mehr als Partner- und Kindersatz fungieren.

Die Engländerin Debbie Barham behauptet, dass z.B. das Zusammenleben mit einem Hund für eine Frau angenehmer ist als mit einem Mann. Sie nennt dafür 17 Gründe:

1. Hunde lieben zwar auch Ballspiele, telefonieren aber nicht stundenlang, um eine Eintrittskarte für die Fußballweltmeisterschaft zu ergattern.
2. Hunde finden immer nach Hause zurück. Auch wenn es schon dunkel und spät ist.
3. Hunden kann man beibringen, dass sie nicht immer in Frauchens Bett schlafen.
4. Hunde warten geduldig vor dem Geschäft, bis Frauchen mit dem Einkauf fertig ist.
5. Hunde holen die Zeitung.
6. Eine Frau kann mit mehreren Hunden zusammenleben – ohne dass die Nachbarn komisch gucken.
7. Wenn Hunde betteln, ist das niedlich. Wenn Männer es tun, ist es peinlich.
8. Hunde bevorzugen nicht unbedingt Blondinen.
9. Hunde zahlen im Bus weniger.
10. Hunde mögen Dosenfutter.
11. Es gibt viele undressierte Hunde. Aber noch mehr Männer ohne Manieren.
12. Ein Hund trägt ein Fässchen Whisky zu einem verunglückten Bergsteiger – ohne davon zu trinken.
13. Hunde brauchen für den Heimweg kein Taxi – sie laufen lieber.

14. Ein Hund kann wenigstens so aussehen, als ob er einen versteht.
15. Benimmt sich ein Hund schlecht, kann man ihn anbinden.
16. Ein Hund ist ein treuer Gefährte.
17. Ein Hund ist fürs Leben.

Wenn ein Mann eine Frau vor die Wahl stellt: »Entweder der Hund oder ich!«, entscheidet sie sich fast immer für den Hund. Warum? Weil sie ihren »Brutpflegeinstinkt« unbewusst auf den Hund überträgt, den Hund also unbewusst als ihr Kind ansieht, das es zu hegen, zu pflegen und zu umsorgen gilt. Der arteigene »Brutpflegeinstinkt« wird so in pervertierter Form ausgelebt, indem sie Hunde und Katzen, also artfremde Brut, aufzieht.

So mancher Mann würde sich glücklich schätzen, wenn ihm so viel seelische Liebe, Aufmerksamkeit und Fürsorge zuteil werden würde wie dem Hasso, dem Lumpi oder der Minusch.

Apropos seelische Liebe!

Jeder Mann bleibt – wie bereits Georg Groddeck, der Vater der psychosomatischen Medizin, in seinem »Buch vom Es« zum Ausdruck gebracht hat – im Grunde seines Herzens immer ein kleiner Junge, der von seiner »Mami« gestreichelt, liebkost und geliebt werden will. Er will sich zu ihr hinkuscheln und sie soll ihm sein Haar streicheln, seinen Kopf halten, ihm Liebe und Wärme schenken.

Sie soll ihm sagen, dass er liebenswert und großartig ist, dass sie immer zu ihm halten wird. Und der Bubi schnurrt dankbar und ist überglücklich.

Es ist überaus wichtig, dass eine Frau diesen kleinen Jungen im Mann anzusprechen vermag und auch ihm gegenüber »Mütterlichkeit« an den Tag legen kann – nicht nur ihren Kindern gegenüber.

Diese Art von seelischer Wärme und Intimität verbindet, gibt einem Mann Kraft und lässt in ihm den Wunsch entste-

hen, seiner Partnerin auch seelische Liebe zu schenken und ihr darüber hinaus Schutz und Sicherheit zu gewähren.
Actio = Reactio!

Fragen, die Sie sich als Frau bezüglich der Aufgabe 3 stellen könnten

- Spüre ich in mir das natürliche Bedürfnis, ein Kind zu umsorgen und zu pflegen?
- Ist es mir möglich, meine Mutterrolle und meinen Beruf auf die Reihe zu bekommen?
- Ist es mir möglich, mein Kind immer mehr loszulassen, wenn es älter wird?
- Ist das Kind in unserer Familie die wichtigste Person, um die sich alles dreht?
- Kann ich die Betreuung der Kinder – wenn nötig – delegieren, um dadurch selbst mehr Freiraum sowie mehr Zeit und Muße für die Partnerschaft zu bekommen?
- Halte ich ein Haustier als Partner- oder Kindersatz?
- Bin ich mir bewusst, dass ein Mann, so stark und mächtig er sich auch geben mag, immer auch ein kleiner Junge bleibt, der liebkost und gestreichelt werden will?
- Was kann ich tun, um mein Zärtlichkeitsrepertoire zu erweitern? Wie kann ich zu einer »Queen of tenderness« werden, die sogar den härtesten Patriarchen dahinschmelzen lässt?

Welche Folgen hat es, wenn die Frau ihre Aufgabe 3 nicht erfüllt?

Manche Frau lernt erst über ein Kind, seelische Wärme und Geborgenheit zu schenken. Und wenn ihr Mann ebenso wie ihr Kind diese Qualitäten von ihr erwartet, denkt sie oft: »Ich will einen Mann und nicht ein Kind. Ich möchte Geborgenheit und Schutz von ihm.« Doch er kann ihr nur die männliche Art von Schutz und Geborgenheit geben, die weibliche Version möchte er gerne von ihr bekommen. Wenn sie ihm Zärtlichkeit und seelische Wärme nicht zu geben vermag und das »Kind im Mann« nicht richtig ansprechen kann, kommt keine echte Intimität und Vertrautheit zustande.

Ebenso ungünstig ist es, wenn die Frau dem Mann vermittelt, dass er für sie weniger wichtig ist als ihr Kind oder gar als ihr Hund oder ihre Katze. Dadurch können Gefühle der Zurücksetzung, der Verletztheit, der Eifersucht oder der Aggression entstehen. Diese führen oft dazu, dass der Betreffende zum Alkohol greift oder in die Arme einer anderen Frau flüchtet.

Eine Frau sollte die Kunst beherrschen, ihrem Kind und ihrem Mann die jeweils angemessene Aufmerksamkeit zuteil werden zu lassen.

Gelingt es ihr nicht, Kind und Mann auf einen Nenner zu bringen und dabei auch selbst nicht zu kurz zu kommen, zeitigt diese Unausgewogenheit ungünstige Schicksalsereignisse am laufenden Band.

Was passiert, wenn ein Mann die Aufgabe 3 der Frau übernimmt?

Die Forderung, ein Mann sollte sich mehr in die Erziehung seiner Kinder einschalten, damit jedes Kind auch das männliche Prinzip besser kennen lernen und integrieren kann, ist ein Widerspruch in sich. Wie soll denn ein Kind eine Orientierung darüber bekommen, wie ein Mann zu sein hat, wenn dieser dieselben Tätigkeiten verrichtet wie die Mama, nämlich kocht, wäscht, putzt und Kinder betreut? Das Kind sieht in diesem Fall einen »entmännlichten« Mann, der seiner Mutter aufs Wort gehorcht und sich deren Vorstellungen anpasst. Es sieht seinen Vater nicht als einen Mann, der beruflich erfolgreich ist, eine gute Wohnsituation schaffen kann, durch seine Präsenz Schutz und Sicherheit gewährt, auf seine körperliche Fitness Wert legt sowie sportlich aktiv und geistig beweglich ist. Es sieht nicht einen Mann, der seine sechs Aufgaben kompetent erfüllt, sondern einen, der zu schwach ist, um seine männlichen Interessen zu vertreten und stattdessen in weibliche Gefilde übergewechselt ist. Im Grunde genommen wird in solchen Fällen das Kind von zwei Frauen erzogen, von einer dominanten Frau und einem verweiblichten Mann, der lakaienhaft weibliche Aufgaben übernimmt. Ein solcher Mann kann aber wohl kaum Vorbild für ein Kind sein. Für ein Mädchen nicht, weil es aufgrund dieses schwachen Vaterbildes später Schwierigkeiten hat, eine gute Partnerwahl zu treffen und für einen Jungen nicht, weil er durch seinen Vater keine Identifikationsmöglichkeiten als Mann bekommt. Außerdem besteht die Gefahr, dass er sich in der Adoleszenz Identifikationsobjekte sucht, durch die er verleitet wird, seine männliche Aggressivität auf destruktive bzw. übertriebene Art auszuleben.

Kurzübersicht: Die Folgen bei Übernahme einer Aufgabe des anderen Geschlechts

Der Mann übernimmt gänzlich oder zu großen Teilen	Die Folgen:*
die Aufgabe 1 der Frau	Er leidet an Versäumnisängsten in Bezug auf seine männlichen Aufgaben. Verlust der sexuellen Attraktivität. Feminisierung des Mannes. Die Frau gewinnt an Macht.
die Aufgabe 2 der Frau	Verlust der sexuellen Attraktivität. Feminisierung des Mannes.
die Aufgabe 3 der Frau	Er leidet an Versäumnisängsten. Verlust der sexuellen Attraktivität. Feminisierung des Mannes. Die Frau gewinnt an Macht.

Die Frau übernimmt gänzlich oder zu großen Teilen	Die Folgen:
die Aufgabe 1 des Mannes	Sie leidet an Versäumnisängsten in Bezug auf ihre weiblichen Aufgaben. Machtgewinn für die Frau. Psychische Kastration des Mannes.
die Aufgabe 2 des Mannes	Machtgewinn für die Frau. Psychische Kastration des Mannes.
die Aufgabe 3 des Mannes	Machtgewinn für die Frau. Psychische Kastration des Mannes.

Die Aufgaben 4, 5 und 6 können vom anderen Geschlecht nicht übernommen werden.

* Dies gilt selbstverständlich nicht, wenn der Mann z.B. als Koch in einem Restaurant, als Dekorateur in einem Kaufhaus oder als Schullehrer tätig ist, denn in diesen Fällen handelt es sich um die Aufgabe 1 des Mannes (Beruf).

> *»Begegnen sich zwei Persönlichkeiten, so ist es,*
> *als träfen zwei chemische Stoffe aufeinander:*
> *Kommt es zu einer Reaktion, werden beide umgewandelt.«*
> *(C. G. Jung)*

Die Aufgabe 4 der Frau

Die Aufgabe 4 der Frau umfasst:

Fähigkeit, die eigenen Triebe zu entwickeln
sexuelle Erfahrungen sammeln
Fähigkeit entwickeln, auf manuelle und orale Weise sexuell
zu stimulieren
eigenes sexuelles Programm entwerfen
Entwicklung von Sexualphantasien
Verwirklichung der eigenen Sexualphantasien und der des
Partners
Fähigkeit zum »dirty talking« entwickeln
Fähigkeit entwickeln, akustisch zu reizen
Entwicklung der Orgasmusfähigkeit

Arno Plack schreibt in seinem Buch »Ohne Lüge leben«:
»Was sind das für Frauen, die sich verachtet fühlen, wenn
Männer sie als ›Lustobjekt‹ betrachten? Das sind Frauen, die
mit ihrem seelischen Bewusstsein in ihrem Körper nicht recht
beheimatet sind, weil eine leibfeindliche Erziehung sie davon
abgehalten hat, sich als vitale Person zu akzeptieren. Sie wurden stattdessen auf ein Höheres, Geistiges, Seelisches hinge-
lenkt, das nur der idealistische Ausdruck für eine Frontstel-
lung gegen die Triebe ist. Von solchem Ressentiment sind
gerade auch unsere Feministinnen noch nicht frei. Und das
behindert die Befreiung des Mannes zu unbefangener Zärtlichkeit.

Es ist eine stete Klage der Feministinnen, sie würden von den Männern nur als ›Lustobjekt‹ behandelt. Das ist aber kein Wunder bei all den Frauen, die selber von ihren Eltern nicht zum Lustsubjekt erzogen worden sind. Die gegen körperliche Berührungen allergische, von den Männern ›zickig‹ genannte Frau denkt aber gar nicht daran, den Grund für das stete Missglücken ihrer sexuellen Beziehungen im eigenen Werdegang zu suchen. Sie ist vielmehr froh, daß die modische Strömung ›Feminismus‹ ihr die Möglichkeit gibt, eigene Unzulänglichkeiten aggressiv auf die Männer zu projizieren und am jeweiligen Mann abzureagieren. Gefangen in ihrer Verklemmung, sieht sie sich dank einer Politisierung millionenfacher Nöte geknebelt von ›Machtanspruch‹ und den ›Unterwerfungspraktiken des Mannes‹.«[12]

Die Sexualität, von Natur aus eine Hauptdomäne der Frau, ist in der Kollektivneurose häufig zum größten Problem geworden. Hier, wo es wirklich notwendig gewesen wäre, sich zu emanzipieren, hat es praktisch keine Emanzipation gegeben. Fast hat es den Anschein, als ob die ganze feministische Bewegung nur ein Ablenkungsmanöver war, um nur ja nicht die durch Moral und Konvention entstandene sexuelle Problematik angehen zu müssen. Hinter aggressiven feministischen Parolen kann man das kleine, sexuell unmündige und unreife Mädchen gut verstecken. Solange eine Frau in der Sexualität sich kaum ihrer eigenen Bedürfnisse bewusst ist, kann kein echter befriedigender Austausch der Geschlechter stattfinden, vielmehr wird – wie aus der nachfolgenden Übersicht zu erkennen ist – die Sexualität als Mittel zum Zweck eingesetzt.

Bewusste und unbewusste Motivationen zur Hingabe:

- um den Mann an sich zu binden
- um den Mann bei Laune zu halten
- aus Dankbarkeit

- aus Mitleid
- aus Status- und Prestigegründen (z.B. der Mann ist ein VIP)
- um der Norm zu genügen
- weil es erwartet wird
- um ein Kind zu bekommen
- um einen Vater für das Kind zu haben
- aus wirtschaftlichen Gründen (sonst versiegt die Geldquelle)
- aus Abhängigkeit
- um beschenkt zu werden
- um mit dem Mann verreisen zu können
- um einen Vorteil zu erzielen
- um befördert zu werden
- um Karriere zu machen
- um einen Einfluss ausüben zu können
- um eine Filmrolle zu bekommen

Wichtig wäre also, dass die Sexualität um ihrer selbst willen angestrebt und gelebt wird, aus einem Bedürfnis heraus, das gestillt werden möchte und nicht aus den oben genannten Erwägungen bzw. um irgendwelche anderen Vorteile zu erlangen.

Woher kommt es, dass bei vielen Frauen das Bedürfnis nach Sexualität so schwach entwickelt ist? Nachfolgende Kriterien beeinträchtigen Sexualität und Erotik:

Abwehr bzw. Beeinträchtigung der Erotik durch:

- Moral
- Konvention
- Normen
- Maßstäbe
- Tabus
- Ängste

- Schuldgefühle
- Ideale
- Ideologien
- Weltanschauung
- »Edeltum«
- falsche Rollenzuweisungen
- Romantik
- libidinöse Besetzung von materiellen Gegenständen
- Sublimierung (Umwandlung von sexuellen Trieben in kulturelle Werte)

Dabei ist noch ein weiterer Punkt ganz entscheidend: Die weibliche Natur umfasst zwei Pole:

weibliche Natur		
	Mütterlichkeit Zärtlichkeit seelische Liebe Fürsorge Bindungsbereitschaft	dieser Pol wird in seiner isolierten und dadurch verfälschten Form als Pol der »Madonna« bezeichnet
	Geliebte Verführungskunst und Verführungstaktik Erotik Leidenschaft Sexualphantasien	dieser Pol wird in seiner isolierten und dadurch verfälschten Form als Pol der »Hure« bezeichnet

Dadurch, dass in der Erziehung der Mädchen primär die reine, romantische, seelische Liebe verherrlicht und der andere Pol der Weiblichkeit geflissentlich ausgeklammert

153

wird, entsteht die so genannte hingabegestörte Frau, deren Lebensweg in Bezug auf Liebe und Partnerschaft von Leid und Schicksalsschlägen geprägt ist. Sie betreibt eine Vogel-Strauß-Politik und tut so, wie sie es von ihrer Vergangenheit her gewohnt ist, als ob es den anderen Pol der Weiblichkeit gar nicht gäbe. Trotz Bombardement durch erotische Bilder in Werbung, Zeitschriften, Fernsehen und Kino gelingt es ihr, sich ihre heile Welt zu bewahren. So »schlimme« Dinge wie Fellatio, Cunnilingus oder Gruppensex wollen in ihren Augen nur Männer, die ihrer nicht wert sind. Sie wartet auf den einen, anständigen, wahren und echten Partner, der für sie bestimmt ist und der sie für alle Zeiten inniglich liebt.

Doch das Schicksal nimmt auf ihre Wünsche keine Rücksicht, sondern folgt unumstößlichen Gesetzen.*

Da sie den Pol Erotik und Leidenschaft verdrängt hat, wird sie nach dem Gesetz der Wiederkehr des Verdrängten besonders mit Männern konfrontiert, die nicht lange fackeln und sexuell sofort zur Tat schreiten wollen.

Sexuelle Kontakte mit ihr sind jedoch gewöhnlich unbefriedigend, weil sie aufgrund dieser Verdrängung häufig Orgasmusschwierigkeiten hat, keine oder nur wenig Lust auf geile Sexspiele oder »dirty talking« hat und das Ausleben von Sexualphantasien für sie tabu ist, und so wird gerade sie, für die Treue und feste Beziehung von so eminenter Bedeutung sind, immer wieder von ihren Partnern verlassen.

Es gibt nur wenige Exemplare der männlichen Spezies, die sich auf Dauer mit einem stickigen »Bettdeckensex«, bei dem schamhaft im Finstern »herumgewurstelt« wird, zufrieden geben.

Was kann die Frau tun, um von ihrem einseitigen Madonnaverhalten wegzukommen, um den anderen Pol ihrer Weiblichkeit zu integrieren?

---

* siehe hierzu: Hermann Meyer: Die Gesetze des Schicksals; Goldmann TB

Folgendes Verhalten hat sich in solchen Fällen bewährt:

1. Schritt: Infragestellen von Moral und Konvention
2. Schritt: Bejahung der eigenen Weiblichkeit in ihrer Ganzheit und Bejahung der damit verbundenen Triebe
3. Schritt: Kennenlernen der weiblichen Anatomie, Physiologie und Pathologie
4. Schritt: Kennenlernen der männlichen Anatomie, Physiologie und Pathologie
5. Schritt: Entwicklung von eigenen Sexualphantasien
6. Schritt: Verwirklichung der eigenen Sexualphantasien und der des Partners – sofern sie verwirklichbar sind und beide Partner ihre Verwirklichung wünschen

Während die ersten drei Schritte verhältnismäßig leicht zu bewerkstelligen sind, machen erfahrungsgemäß die Schritte 4, 5 und 6 größere Schwierigkeiten.

Bei dem Schritt 4 ist es notwendig, sich mit dem unbekannten Wesen »Mann« auseinander zu setzen. Wie ist sein Körper aufgebaut? Was ist bei ihm anders – auf der körperlichen, seelischen und geistigen Ebene?

Solange man die Andersartigkeit des anderen nicht verstehen und akzeptieren lernt, besteht die Gefahr, Unterschiede zu leugnen oder gar das andere Geschlecht aufgrund seiner spezifischen Eigenarten zu bekämpfen. Außerdem ist es in einem solchen Fall auch nicht möglich, sich in den Partner in einem wirklichen Sinne einzufühlen, was wiederum zur Folge hat, dass ein gegenseitiges Verstehen ausgeschlossen und somit das Gelingen einer befriedigenden Beziehung erschwert wird.

So ist es auch wichtig, über die körperlichen Reaktionen, wie z.B. über die Erektion des Penis Bescheid zu wissen.

»Die Erektion wird vom Zentrum des Erektionsreflexes im Sakralmark aus über unwillkürliche (parasympathische)

Nerven ausgelöst. Hierbei kommt es zur Volumenzunahme des Gliedes sowie zum Ansteigen des Blutdruckes und der Temperatur. Der Erektionsreflex kann durch Reizung von in der Glans penis liegenden Nervenendigungen ausgelöst werden, den Genitalkörperchen der Eichel, die über den Nervus pudendus auf das Erektionszentrum wirken. Der Nervus pudendus gehört zu den Spinalnerven und vermittelt auch das Wollustgefühl, während parasympathische Nerven vom Zentrum her den Erektionsvorgang steuern. Auch durch Reizung von Nervenendigungen in den erogenen Zonen kann eine Erektion ausgelöst werden. Diese Zonen sind beim Manne zwar hauptsächlich auf die Geschlechtsorgane beschränkt; jedoch können auch bei ihm wie bei der Frau Lippen, Hände und Haare sowie Arme und Beine als Reizempfänger wirken. Gehirnzentren, die selbst wieder geweckt oder gehemmt werden, können verstärkend oder hemmend auf den Reflexbogen der Erektion einwirken. Die Gehirnzentren können stimuliert werden, z.B. durch den Anblick einer Frau, durch erotische Vorstellungen, oder gehemmt sein, z.B. durch Tabus, Angst vor geschlechtlichem Versagen.«[8]

Die Zeichnung auf Seite 157 zeigt diese Zusammenhänge. Sie macht deutlich, warum Männer so stark auf visuelle Reize reagieren. Die Erektion des Penis, eines der eindruckvollsten Schauspiele psychosomatischen Geschehens, kann aufgrund einer realen erotischen Frau erfolgen, aber auch aufgrund eines Bildes in einer Zeitschrift oder eines Pornomagazins oder aufgrund eines Bildes, das nur in der Vorstellung des Mannes vorhanden ist.

Gelingt es Frauen nicht, ihre natürliche Anlage »Verführungskunst und Verführungstaktik« genügend auszubilden, behelfen sich deren Partner oft mit der Methode des »Einblendens«. Dabei blendet der Mann, um eine Erektion zu bekommen bzw. um diese aufrechtzuerhalten, z.B. eine andere, erotischere Frau vor seinem geistigen Auge ein oder eine

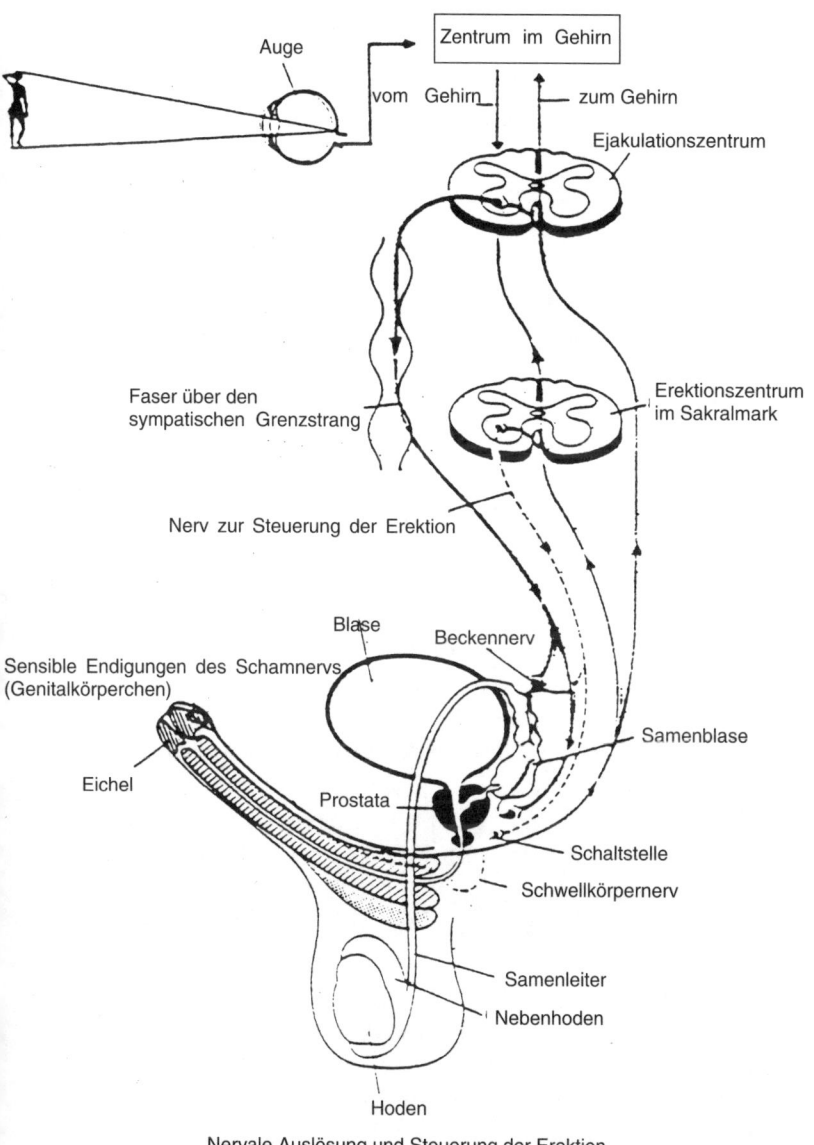

Nervale Auslösung und Steuerung der Erektion

aus: F.A. Brockhaus: »Wie funktioniert das? Der Mensch und seine Krankheiten«, Mannheim

Gruppensexparty, in deren Getümmel er eine aktive Rolle spielt.

Für einen Mann ist es jedoch nicht ratsam, einer Frau, die zur Reinheit und zum »Edeltum« erzogen wurde, von seinen Sexualphantasien zu erzählen. Eine solch reine »Madonna« wäre erschüttert und entsetzt über das »schmutzige« Gedankengut dieses Mannes oder würde mit großer Traurigkeit und vielleicht auch mit Mitleid und Enttäuschung reagieren. Sie hätte das Gefühl, dass es hier gar nicht mehr um sie als Mensch ginge, dass sie selbst gar nicht das Objekt seiner Liebe sei, sondern eine imaginäre Fremde oder gar – wie im Falle des Gruppensex – eine Versammlung von imaginären, lüsternen Gestalten.

Hingegen ist eine Frau, die ihre erotischen Anlagen ausgebildet hat, an den Sexualphantasien ihres Partners sehr interessiert, sie lässt sich diese gern genau schildern. Sie wählt diejenigen aus, die ihr gefallen, und hat große Freude daran, diese zusammen mit ihm zu verwirklichen.

Eine Frau, die die Sexualphantasien ihres Partners mit ihm in die Tat umsetzt, bereitet diesem die größten Freuden und Wonnen, die es für Männer gibt.

Susanne T., eine 34-jährige Bankangestellte, schildert ihre Erfahrungen so:

»Als ich eines Tages genau das Gegenteil von dem praktizierte, was meine Mutter und meine Freundinnen immer sagten, nämlich die ›Schweinereien‹ der Männer nie mitzumachen, öffnete sich mir das Tor zum Glück. Ich werde die Augen meines Freundes nie vergessen, als ich zum ersten Mal mit ihm eine seiner Sexualphantasien realisierte. Er machte Augen wie ein Kind unter dem Weihnachtsbaum. Und das Verblüffende war, ich hatte selbst großen Spaß daran und erlebte dabei einen Orgasmus, der mich in den siebten Himmel trug. Von diesem Tag an hatte ich auch keine Angst mehr, dass mein Freund mich verlassen könnte. Durch unsere sexuelle Erfüllung fiel es uns erheblich leichter, uns auf anderen Lebensgebieten und besonders auch seelisch mehr zu öffnen. Wir haben seitdem eine tiefe und lustvolle Beziehung, die uns beiden sehr viel Kraft und Zuversicht gibt.«

Der Fall von Susanne T. ist kein Einzelfall. Ein wichtiges Geheimnis des sexuellen Glücks liegt in der gegenseitigen Offenbarung und der gemeinsamen Verwirklichung der Sexualphantasien.

Es ist unfassbar, dass Millionen von Ehepaaren im selben Bett miteinander schlafen und gar nicht wissen, was im Kopf ihres Partners abläuft.

Eigentlich müsste man sich spätestens beim dritten oder vierten Rendezvous gegenseitig seine Sexualphantasien erzählen, damit man erkennen kann, ob eine Realisation möglich ist oder nicht infrage kommt.

Ansonsten läuft der oder die Betreffende das ganze Leben lang einem Phantom nach, ist ständig frustriert und weiß gewöhnlich nicht warum, denn die Ursache für seinen Frust ist meist verdrängt und kommt somit nicht ins Bewusstsein.

Kehren wir in diesem Zusammenhang noch einmal zu den »Madonnen« zurück.

Aufgrund ihrer Unwissenheit über die Bedeutung der Sexualphantasien für ein erfülltes Liebesleben reichen manche von ihnen, nachdem sich ihr Partner »geoutet« hat, die Scheidung ein, weil sie mit einem Menschen, der aus ihrer Sicht durch und durch pervers ist, nicht länger unter einem Dach leben wollen oder können.

Eine solche Frau steht dann womöglich selbstbewusst vor einem Spiegel und sagt zu sich selbst: »Das habe ich nicht nötig! So etwas muss ich mir nicht antun! Eine attraktive, intelligente Frau von Niveau und Format wie ich wird doch wohl noch einen ganz normalen Mann finden, der zu echter Liebe imstande ist.«

Sie weiß nicht, dass alle Männer mit intaktem Sexualsystem nach ihren Maßstäben »Lüstlinge« sind. Derjenige, den sie danach kennen lernt und den sie zunächst als »normal« ansieht, lässt eben die Katze (noch) nicht aus dem Sack.

Und wenn er auch die »Perversionen« seines Vorgängers nicht teilt, dann hat er eben andere, vielleicht sogar (in ihren Augen) noch schlimmere. Da bleibt so mancher Madonna nichts anderes übrig, als Zuflucht bei Haustieren zu suchen. Die Minusch und der Hasso haben Gott sei Dank keine solchen »Schweinereien« im Kopf. »Katzen und Hunde sind halt doch die besseren Menschen«, denkt sie verbittert.

Anne Moir und David Jessel schreiben in ihrem Buch »Brainsex«: »Die Frauen könnten verstehen lernen, dass Männer Frauen in der Tat vorwiegend als Sexualobjekt betrachten. Indem sie dieses Faktum als gegeben hinnehmen, es akzeptieren, sich darauf einstellen und vielleicht sogar versuchen, etwas Positives daraus zu machen, täten sie sich – und der männlichen Hälfte unserer Gattung – sicherlich einen größeren Gefallen, als wenn sie versuchen, es zu leugnen oder zu bekämpfen.«

Es hat sich im Leben schon immer bewährt, der Realität ins Auge zu schauen und sich daran zu orientieren, als weiter im eigenen Wunschdenken und in Vorstellungen, Träumen und Illusionen zu verharren und die Desillusionierung dem Schicksal zu überlassen.

Fest steht: Eine Frau hat sehr viel mehr Chancen, die Fülle des Lebens und ein angenehmes Schicksal zu erfahren, wenn sie nicht an das glaubt, was ihr in der Vergangenheit ständig eingetrichtert wurde, nämlich »anständig« und »sauber« zu bleiben sei der Schlüssel zu Erfolg und Erfüllung.

Erwachsen in seelischer Hinsicht ist eine Frau erst dann, wenn sie die üblichen Maßstäbe von Anstand und Moral hinterfragt und ggf. ad acta gelegt hat und ohne jegliche Prüderie nach ihrer eigenen Natur zu leben versteht.

Aber dazu muss sie eben wissen, worauf ihre weibliche Natur hinauswill, welches Ziel diese verfolgt und welcher Sinn dahinter steckt; denn, wenn diese Natur nicht mehr unter dem Joch von Moral und Konvention steht, entstehen völlig andere Gefühle, Gefühle, die in der Kollektivneurose als verrucht und liederlich gelten.

So empfindet eine echt emanzipierte Frau, wenn sie sich im Partnerwahlprozess befindet, es als ihr Recht, solange immer wieder mit verschiedenen Männern zu schlafen, bis sie schließlich den Partner gefunden hat, der zu ihr passt.

Indem sie sich mit den verschiedensten Männern erlebt, lernt sie ihre ureigene Sexualität sowie die verschiedenen Varianten der männlichen Sexualität kennen und wird mit der Sexualität an sich immer vertrauter.

Im Grunde genommen führt kein Weg daran vorbei: Eine Frau muss, um wirklich sexuell erfahren zu werden und zu erkennen, welche Art der Sexualität ihr entspricht, mit vielen Männern geschlafen haben.

Selbstverständlich ist Quantität nicht gleich Qualität, aber ohne eine Vielzahl von verschiedenen Erfahrungen kann sie nur schwer ausloten, was wirklich Qualität ist, hat sie zu wenig Vergleichsmöglichkeiten und kann ihr Grundrecht, frei unter vielen Bewerbern wählen zu können, nicht in Anspruch nehmen. Das macht u.a. wahre sexuelle Emanzipation aus. Emanzipation muss in der Sexualität beginnen, muss die Sexualität als Basis haben. Es ist absurd, dass man sich überall zu emanzipieren versucht hat, nur nicht dort, wo es am notwendigsten gewesen wäre.

Eine Frau, die jahrelang unter dem Einfluss einer lebensfeindlichen Sexualmoral und einer irrealen Romantik stand, sollte sich immer wieder vor Augen führen:

Der Sexualtrieb ist nicht spezifisch männlich und die Fähigkeit zu fühlen und zu lieben nicht spezifisch weiblich. Beide Geschlechter haben Triebe und Gefühle.

Vielleicht ist es an der Zeit, Erotikschulen zu gründen, in denen Frauen und Männern beigebracht wird, wie sie ihren Partnern und sich selbst die höchsten Wonnen schenken können.

Die Frau muss ihre Macht in der Sexualität zurückgewinnen, nicht um damit neurotische Machtspielchen zu inszenieren, sondern um selbstbewusst und a priori gleichberechtigt dem Mann gegenübertreten zu können.

Hier können wir den Unterschied zwischen der alten, traditionellen Rollenteilung und der neuen, modernen Form erkennen.

Genauso wie die Frau der fünfziger und sechziger Jahre unbewusst und unreflektiert traditionelle Kost auftischte, so vollzog sie auch unbewusst und unreflektiert den Koitus.

Eine Frau, die die Entwicklungsphasen von der unbewussten patriarchalen Form der Sexualität über die sexuelle Verweigerung gegenüber dem Mann bis hin zu der bewussten, selbst gewählten Form durchlaufen hat, ist ein ganz anderer Typus von Frau geworden.

Sie ist in der Sexualität kein Opfer mehr, sie freut sich vielmehr darauf, die schönste Sache der Welt aktiv mitgestalten zu können.

Fragen, die Sie sich als Frau bezüglich der Aufgabe 4 stellen könnten:

– Lebe ich mehr den Madonna- oder den Hurenanteil meiner Weiblichkeit?
– Wie könnte ich mich in Richtung Ganzheit als Frau entwickeln?
– Fühle ich mich als Sexualobjekt oder als aktiv Beteiligte, die die Sexualität mitgestaltet?
– Bin ich sexuell emanzipiert oder lebe ich mehr nach romantischen Klischees?

- Treffen von der Übersicht »bewusste und unbewusste Motivationen zur Hingabe« (auf Seite 151/152) einige bei mir zu oder praktiziere ich Sex um der Freude am Sex willen?
- Ist mit mir »dirty talking« möglich oder reagiere ich womöglich ärgerlich darauf?
- Warte ich immer noch auf Mr Right, auf den einen, wahren und echten Partner oder lasse ich auch »Wegpartner« und »Lebensabschnittpartner« zu?
- Bin ich orgasmusfähig? Wenn nicht: Was kann ich tun, um es zu werden?
- Habe ich eigene Sexualphantasien entwickelt?
- Habe ich Freude und Spaß daran, bestimmte Sexualphantasien meines Partners mit ihm zu verwirklichen?

Welche Folgen hat es, wenn eine Frau ihre Aufgabe 4 nicht erfüllt?

So wie die Aufgabe 1 die mit Abstand wichtigste Aufgabe des Mannes ist, so ist die Aufgabe 4 die zentrale Aufgabe der Frau. Wenn eine Frau ihre Aufgabe 4 sehr gut erfüllt, kann sie sich fast alles erlauben. Dann kann sie sogar schwer wiegende Defizite bei ihren Aufgaben 1, 2, 3 und 6 aufweisen, sie wird dennoch heiß begehrt.

Wenn sie in der Sexualität raffiniert ist und die Liebeskunst aus dem Effeff beherrscht, stehen ihr fast alle Türen offen. Sie wird fürstlich belohnt, reich beschenkt, und an allen Ecken und Enden gefördert, sie wird geliebt und angebetet. Ihre Wünsche werden erfüllt, noch bevor sie sie ausgesprochen hat.

Hat sie jedoch auf dem Gebiet der Sexualität entscheidende Defizite oder kann nicht einmal die Grunderwartungen erfüllen, sinken ihre Chancen beim anderen Geschlecht oft bis zum Nullpunkt. Die Männer gehen mit ihr aus, schlafen mit ihr und lassen sich nie wieder bei ihr blicken. Sie versprechen ihr zwar beim Abschied: »Ich rufe dich morgen an.« Doch mit dieser Floskel wollen sie lediglich die Gefühle der Frau schonen.

Auf diese Weise kann es sein, dass eine Frau, die eigentlich nur einen einzigen Mann sucht, dem sie bis ans Lebensende treu sein möchte, einen häufigeren Partnerwechsel zu verzeichnen hat als ortsbekannte »Schlampen«. Hinzu kommt, dass sie bei dieser Art von Partnerwechsel auf sexuellem Gebiet nichts dazulernen kann.

Deshalb:

So wie der Mann ohne Wenn und Aber danach trachten müsste, seine Aufgabe 1 gut zu erfüllen, so müsste sich jede Frau, die bisher ihre Aufgabe 4 vernachlässigt hat, Tag und Nacht über Sexualität und Erotik informieren, müsste Orgasmus-Workshops besuchen, müsste mit ihren Freundinnen offen ihre Erfahrungen mit Männern austauschen, müsste Männer befragen, müsste ihren eigenen Körper besser kennen lernen und sich mit der Anatomie und Physiologie des Mannes beschäftigen.

Tut sie das nicht, läuft sie Gefahr, dass sie die schönsten Stunden, die ein Mensch haben kann, versäumt, dass sie ständig Pech in der Liebe hat, und dass das Schicksal es auch sonst nicht gut mit ihr meint.

»Naturalia non sunt turpia.«
»Naturgewolltes ist nicht schimpflich.«
(lateinische Spruchweisheit)

Die Aufgabe 5 der Frau

Die Aufgabe 5 der Frau umfasst:

Körperpflege
Kunst des Schminkens
Umgang mit Düften
Figurbewusstheit
Kleidung und Dessous
Verführungskunst und
Verführungstaktik

Dass – wie wir bei der Aufgabe 4 gesehen haben – das Visuelle eine hohe Priorität bei Männern hat, kann man jedes Jahr in der Vorweihnachtszeit in den Damenwäscheabteilungen der Kaufhäuser sehen. Die da mit leuchtenden Augen die raffinierten Spitzendessous begutachten, sind zu einem großen Teil Männer. Ist Weihnachten vorbei, wimmelt es in diesen Abteilungen von Frauen, die ihre »Liebesbeweise« gegen praktische Unterhosen aus Baumwollfeinripp umtauschen wollen. »Das passt einfach nicht zu mir«, gestehen sie verschämt der Verkäuferin und reichen ihr die roten Strumpfhalter und die durchsichtigen Negligés über die Theke. Sie finden sie peinlich und vielleicht auch ein bisschen albern. Lieber wäre ihnen gewesen, wenn ihre Männer andere Geschenke gewählt hätten: z. B. eine Handtasche, eine Halskette oder ein edles Parfüm.

Auch bei der Aufgabe 5 der Frau können wir wieder die

Madonna- und Hurenproblematik beobachten, die in fast jeder Psyche unseres Kulturkreises manifest geworden ist. Auch hier tut die rein und edel empfindende Frau so, als ob es den anderen Pol ihrer Weiblichkeit, nämlich Verführungskunst und Verführungstaktik, das sexuelle Stimulieren des Mannes durch Reizwäsche oder hochhackige Schuhe gar nicht gäbe.

Als Unterwäsche trägt sie riesige »Wohnhosen«, und auch ansonsten legt sie vor allem Wert auf bequeme, weite Kleidung wie Schlabberhosen oder Kleider im Burgfräuleinstil.

Ihr kommt nicht in den Sinn, dass sie dadurch das in jedem Mann wohnende Bild einer erotischen Frau verletzen könnte.

Wenn man sie jedoch auf ihre wenig attraktive Kleidung aufmerksam macht, meint sie womöglich selbstbewusst: »Soweit kommt es noch, dass ich mich wegen der Männer auch noch verkleiden soll. Wenn mein zukünftiger Partner mich so wie ich bin nicht haben mag, dann soll er es bleiben lassen. Dann ist er ohnehin nicht der Richtige für mich.« Spricht's und die Schlabberhose weht im Wind.

Lernt sie dann einen Mann kennen – nennen wir ihn Fred – und dieser Mann äußert nach einiger Zeit den Wunsch, sie solle bestimmte Dessous tragen, kontert sie: »Fred, hast du das nötig? Ich habe von dir eigentlich angenommen, dass du in der seelisch-geistigen Entwicklung schon weiter bist! Ich finde es auch unfair von dir, dass du mich verändern willst! Schlag dir sowas aus dem Kopf und melde dich mal zu einer Psychotherapie an!«

Die Realität spricht jedoch eine andere Sprache.

Mit ihrer unerotischen Unterwäsche sendet sie Botschaften aus wie:

Ich liebe dich nicht.

Ich bin egoistisch.

Mich interessiert nicht, was mein Partner fühlt und denkt.

Mich interessiert meine Wirkung auf Männer nicht.

Ich will keine Frau im ganzheitlichen Sinne sein.

Ich stehe mit der Erotik auf Kriegsfuß.
Ich will nicht für Männer reizvoll erscheinen.
Ich will keine Geliebte sein.
Ich will weder lieben noch geliebt werden.

Die Betreffende hat ihren erotischen Anteil unterdrückt und lebt primär die andere Hälfte ihrer Weiblichkeit.

Dabei erhält sie besonders von Moralaposteln und Spießern Schützenhilfe, die sie in ihrer lustfeindlichen Einstellung bestätigen.

So rümpft man in diesen Kreisen die Nase über Frauen, die sich erotisch kleiden oder gar die Männer aktiv reizen, indem sie ihren Rock zurückstreifen oder im String-Tanga aufreizend am Strand spazieren gehen.

Auch in der feministischen Szene ist ein derartiges Verhalten verpönt. Dort wird den Frauen eingeschärft, sich nicht mehr für die Männer schön zu machen, sich nicht mehr zu schminken, Lippenstift und Stöckelschuhe in den Kehricht zu werfen und sich stattdessen wie eine graue Maus zu kleiden, um ja nicht erotische Signale auszusenden, die womöglich als Aufforderung zum Flirten verstanden werden könnten.

Doch damit zielen die Feministinnen an der Wirklichkeit des Lebens vorbei. Ein natürliches Programm, nur weil es aus ideologischen Gründen nicht akzeptabel ist, verändern zu wollen, ist ein aussichtsloses Unterfangen.

Eine natürlich empfindende Frau verspürt den Drang, sich schön zu machen, hat Freude daran, das andere Geschlecht zu becircen, hat Spaß an der Verführung, genießt es, begehrt zu werden.

Sie steht im Einklang mit der Natur, die ebenso ihre Schönheit erstrahlen lässt, in den buntesten Farben erblüht und betörende Düfte verbreitet, um zur Befruchtung einzuladen.

Doch bei dieser von der Natur weise eingerichteten Anlage lauert nicht nur die Gefahr der Unterdrückung durch Moralisten, Feministinnen und Menschen aus der Alternativszene (in der Alternativbewegung wird die Erotik meist vehement angefeindet: wer nicht in Wollsocken, ausgeleiertem Pullover und ausgebeulten Trainingshosen einherschreitet, wird ausgegrenzt), sondern auch durch die jeweilige Mode. So wird der Drang, sich schön zu machen, durch das aktuelle Modediktat aus seinem natürlichen Zusammenhang gerissen, verfälscht und ritualisiert. Wenn eine Frau sich schminkt, ist sie sich meist nicht bewusst, dass sie dabei einen Akt der Werbung vollzieht. Die meisten Frauen schminken sich, weil man sich eben schminkt, weil sie es sich zur Gewohnheit gemacht haben, nicht ungeschminkt das Haus zu verlassen, aber nicht, weil sie den Männern gefallen wollen.

Es kommt jedoch nicht von ungefähr, dass Lippenstift und Nagellack gewöhnlich rot sind, denn die roten Lippen sollen sexuelle Erregung signalisieren und die langen, roten Fingernägel sollen beim Mann die Assoziation »leidenschaftliche Wildkatze« entstehen lassen.

Deshalb gibt es häufig bei Männern lange Gesichter, wenn eine Frau aufgrund einer neuen Modeströmung mit grün, blau, lila, braun oder gar schwarz lackierten Fingernägeln aufkreuzt.

Ähnlich ist die Situation, wenn eine Frau sich gänzlich der jeweiligen Kleidermode verschreibt. Auch hier sind die wenigsten Männer begeistert, wenn es sich dabei um Bundfaltenhosen, Bermudahosen, Hosenröcke oder lange Kleider (Maxi-Look) handelt. In bestimmten Männerkreisen werden dann Durchhalteparolen ausgegeben nach dem Motto: »Jetzt haben wir schon so viele schreckliche Modetrends ertragen, also werden wir auch diese Moderichtung überstehen.«

Auch die Damenoberbekleidung hat ähnlich wie die Kosmetik ihren ursprünglichen Sinn und Zweck weitgehend verloren, nämlich außer dem wärmenden Effekt als Mittel der Werbung beim anderen Geschlecht zu fungieren, als Mittel, um neue Partner kennen zu lernen oder auch bei dem Mann, den man zu Hause hat, das Interesse wach zu halten.

Inzwischen ist die Werbung der Frauen so entfremdet, dass die meisten Frauen sich hauptsächlich für ihre Freundinnen und Arbeitskolleginnen schön machen, und nicht mehr für die Männer. Wenn einem Mann der Hosenrock seiner Frau, der gerade en vogue ist, nicht gefällt, hat er Pech gehabt. Ihre Freundin Ute und auch alle Arbeitskolleginnen finden den toll, also hat ihr Mann den gefälligst auch toll zu finden, wenn nicht, dann hat er eben keine Ahnung davon, was schön und modisch ist. Die Psyche des Mannes kann man jedoch nicht einfach umschalten; bei den meisten Männern lösen Hosenröcke unangenehme Gefühle aus. Die männliche Psyche wird dabei häufig irritiert, weil ein solches Kleidungsstück weder feminin noch maskulin ist. Für viele Männer sind Hosenröcke weder Fisch noch Fleisch, sie haben einen stark neutralisierenden und enterotisierenden Charakter. Eine solche Wirkung haben übrigens auch viele Kleidungsstücke der Hautecouture.

So kommt es, dass eine Frau, die teure Hautecouture-Kleidung trägt, meist weniger Chancen beim anderen Geschlecht hat als eine Frau, die in No-Name-Produkten erscheint, die ihre weiblichen Formen zur Geltung bringen, z.B. im Minirock, in einer engen Jeans und einem T-Shirt.

Die Frau in teuren Designer-Klamotten wird diese Tatsache jedoch anders bewerten und sagen: »Es fragt sich aber, bei welchen Männern sie mehr Chancen hat, bestimmt nicht bei Männern mit Niveau und Format!«

Doch ob Bauarbeiter oder Universitätsprofessor, der heterosexuelle Mann interessiert sich gewöhnlich nicht so sehr dafür, welcher Designer ein Kleidungsstück kreiert hat und welche Qualität der dafür verwendete Stoff aufweist, sondern primär dafür, wie erotisch dieses an einer Frau wirkt bzw. ob dadurch bestimmte Körperteile betont oder sichtbar werden. Insbesondere freut es ihn, wenn er etwas von den Beinen, vom Busen, von der Taille oder vom Po der Frau erkennen kann.

Noch ein Umstand ist im Zusammenhang mit der Werbung relevant.

In der Kollektivneurose gilt es als unedel, wenn nicht gar als »fies« und »link«, wenn eine Frau, die einen Mann kennen lernen will, dabei strategisch und taktisch vorgeht. Nach einem ungeschriebenem Gesetz muss sich der Kontakt zu einem Mann wie von selbst ergeben. Eine Frau darf einen Mann nur zufällig kennen lernen und sollte dabei auf keinen Fall nachhelfen.

Brigitte F. (35), hat anscheinend während ihrer Erziehung von diesem »Gesetz« nichts mitbekommen.

Als Brigitte sich von ihrem bisherigen Freund trennte, da er sich ihr gegenüber sehr unfair verhalten hatte, ging sie bei der Suche nach einem neuen Partner nach einem strategischen Konzept vor. Unter anderem kaufte sie sich ein raffiniert geschnittenes, kurzes Tenniskleid und zeigte sich damit in einem exklusiven Tennisklub mit dem Ziel, dort einen adäquaten Mann kennen zu lernen. Dies gelang ihr auf Anhieb.

Als sie ihren Freundinnen davon erzählte, fielen diese aus allen Wolken. Nach deren Empfinden war eine solche Vorgehensweise nicht schicklich und würde sicher vom Schicksal geahndet werden.

Doch das Gegenteil ist der Fall! Brigitte hat ihr Schicksal selbst in die Hand genommen und wurde prompt dafür belohnt. Sie hat ihre weiblichen Reize bewusst eingesetzt und nicht alles dem Zufall überlassen. Statt in einer unbewussten Warteposition zu verharren, ging sie zu einem bewussten Werbeverhalten über.

Eine Frau, die bewusst zu werben versteht, wird auch versuchen, die jeweiligen Vorlieben ihres Partners zu erspüren und – wenn nötig – zu erfragen.

Sie wird nicht petrolfarbene oder schilfgrüne Unterwäsche tragen, nur weil solche Farben derzeit modern sind, sondern den Geschmack ihres jeweiligen Partners berücksichtigen.

Dies hat nichts mit Selbstverleugnung zu tun, sondern geschieht zum Vorteil der Frau, weil sie dadurch beim Partner positive Reaktionen auslöst, die ihr zugute kommen.

Stellt sie sich nicht auf ihren jeweiligen Partner ein, kann es ihr wie der »Madonna« mit ihren »Wohnunterhosen« gehen: Der Mann will da nicht hinschauen.

Vielfach wird heute schon von der Angst des Mannes gesprochen, wenn »frau« sich auszieht oder bettfertig macht.

Ein anderer wichtiger Punkt bei der Aufgabe 5 der Frau ist, dass sie auf ihre Figur achten sollte. Heute braucht keine Frau – von wenigen krankheitsbedingten Ausnahmen abgesehen – unter Figurproblemen zu leiden.

Da die Ursachen für derlei Probleme inzwischen hinlänglich bekannt sind, nämlich Mangel an Bewegung und sportlicher Betätigung, falsche bzw. zu üppige Ernährung, geht es nur darum, diese Ursachen abzustellen. In Bodybuilding- und Fitnessstudios ist es möglich, ein auf die individuelle Figurproblematik abgestimmtes Trainingsprogramm zu absolvieren und in Verbindung mit einer Ernährungsumstellung die eigene Wunschfigur (im Rahmen der eigenen Konstitution) zu erreichen.

Es kann dort was hinkommen, wo bisher etwas gefehlt hat und dort was wegtrainiert werden, wo etwas als störend empfunden wird.

Anstatt sich einem solchen Programm zu unterziehen, was durchaus Spaß machen kann, besonders wenn man es zusammen mit anderen Menschen durchführt, die das gleiche Ziel haben, jammern und lamentieren viele Frauen lieber über ihre überflüssigen Pfunde und ihr mangelndes Liebesglück.

Hier meldet sich häufig der Trotz der Frau, der das natürliche Werbeverhalten verloren gegangen ist. »Wenn er mich mit meinem Übergewicht nicht mag, dann soll er hingehen, wo der Pfeffer wächst!« sagt sie dann. Demonstrativ wird dabei Selbstbewusstsein signalisiert, ohne auch nur im Geringsten zu ahnen, dass sie dadurch unbewusst den seelischen

Schmerz zu übertünchen versucht, der durch die Unterdrückung der natürlichen Anlage zu Werbung und Verführung entstanden ist.

Fazit: Die verschiedenen Modetrends hielten den persönlichen Geschmack der meisten Frauen zwar jahrelang fremdbesetzt, zeigten aber darüber hinaus, welche Variationen und Möglichkeiten es gibt. Es waren verschiedene Muster bzw. Kreationen vorgegeben, aus denen eine Frau wählen konnte, was ihr gefiel und was ihr am besten stand. Insofern fungierte die jeweilige Mode nicht nur als Diktat, sondern auch als Bewusstmacher des eigenen Geschmacks. Ohne die Kreativität professioneller Modemacher und der Kosmetikindustrie wären sicher weniger Vorstellungen entwickelt worden, auf welche Art und Weise die Frau ihr Äußeres verschönern kann. Die Vielfalt der Möglichkeiten, die daraus resultieren, können nun als Basis für eine neue Entwicklungsphase dienen. Die neue Frau kann sich aus diesem Repertoire bewusst bedienen und damit ihre Weiblichkeit vorteilhaft zur Geltung bringen. Indem sie bewusst wahrnimmt, wie auch die Natur sich schön macht, kann sie sich allmählich wieder mit dem Gott Eros aussöhnen. Vorher, in der patriarchalen Phase, war es ein mehr oder weniger unbewusstes Reizen und Verführen, indem sie das ihr aufgepfropfte Programm bezüglich Mode und Kosmetik erfüllte. Sie schminkte sich, weil es so üblich war, und sie kleidete sich der jeweiligen Mode gemäß, ob diese für ihren Typ vorteilhaft war oder nicht. Sie befolgte ein vorgegebenes Ritual und war sich oft dessen ursprünglichen Sinnes und Zwecks nicht mehr bewusst. Es war Formsache, nicht Ausdruck des Inhalts.

Jetzt, in einer neuen Entwicklungsphase, entwickelt die Frau die Fähigkeit, aktiv und gezielt zu reizen und zu verführen. Make-up und Kleidung dienen dabei nicht mehr als Ersatz für fehlende erotische Fähigkeiten, sondern als Verstärker für bereits ausgebildete. Insofern tritt an die Stelle der »toten« Erotik, die eine Form ohne Inhalt ist, eine »lebendige« Erotik,

bei der die Form Ausdrucksmittel von lebenden, d.h. sich in
Entwicklung befindenden inneren Anlagen ist.

Fragen, die Sie sich als Frau bezüglich der Aufgabe 5 stellen könnten

- Kommt bei mir in der Werbung mehr der Madonna- oder mehr der Hurenanteil meiner Weiblichkeit zum Tragen?
- Stelle ich mich in Bezug auf Werbung auf das andere Geschlecht bzw. auf meinen Partner ein oder nehme ich diesbezüglich keinerlei Rücksicht?
- Ist es mir möglich, bei der Werbung strategisch und taktisch geschickt vorzugehen oder überlasse ich die Partneranziehung dem Zufall?
- Habe ich meinen eigenen Geschmack gefunden oder richte ich mich primär nach dem gerade herrschenden Modediktat?
- Besteht meine Garderobe vorwiegend aus Schlabberhosen, Hosenröcken und langen, wallenden Gewändern? Bin ich mir der Bedeutung und der negativen Signalwirkung einer solchen Kleidung bewusst?
- Welche Kleidungsstücke gefallen sowohl meinem Partner als auch mir selbst?
- Was kann ich tun, um meinen persönlichen Typ noch besser zur Geltung zu bringen?
- Habe ich meine erotischen Fähigkeiten ausgebildet und bin ich in der Lage, sie effizient einzusetzen?
- Auf welchen Gebieten der Erotik habe ich meine besonderen Stärken?
- Welche Möglichkeiten gibt es, um eine gute Figur beizubehalten bzw. zu erreichen?

Welche Folgen hat es, wenn eine Frau ihre Aufgabe 5 nicht erfüllt?

Wenn die Frau ihre Aufgabe 5 nicht erfüllt, hat sie große Schwierigkeiten, die für sie passenden Männer kennen zu lernen. Wenn sie ihre weiblichen Reize nicht in die Waagschale wirft, beißen nicht die Männer an, die sie sich wünscht, sondern muss sich unter Umständen mit einem Mann zufrieden geben, der unter ihrem Level ist oder muss – in Extremfällen – für immer allein bleiben.

Manche Frauen werben mit ihren Reizen nur so lange, bis sie einen Mann in den Ehehafen gezogen haben. Nach den Flitterwochen jedoch lassen sie sich immer mehr gehen, achten nicht mehr auf ihre Figur und machen sich weniger zurecht. Dasselbe Phänomen ist übrigens auch manchmal bei Frauen zu beobachten, die nach der Geburt ihres Kindes nur noch in ihrer Mutterrolle aufgehen und keinerlei Interesse mehr an einem attraktiven Outfit zeigen.

Solche Frauen haben nicht erkannt, dass Werbung nicht nur dazu da ist, um sich einen Mann zu angeln, sondern genauso notwendig ist, um einen Mann zu halten. Eine Frau, die das Beste aus ihrem Typ zu machen versteht, und sich erotisch dezent, aber dennoch wirkungsvoll zu kleiden vermag, erwirkt bei ihrem Mann den ganzen Tag über Gefühle der Freude und des Glücks und damit eine Stimmungslage, die auch ihr wieder zugute kommt. Er ist stolz auf sie und lässt nichts auf sie kommen. Sein Selbstbewusstsein steigt und er fühlt sich gut gegenüber seinen Geschlechtsgenossen.

Die Aufgabe 6 der Frau

(siehe vorher die Beschreibung der Aufgabe 6 für beide Geschlechter, S. 100 ff)

Die Aufgabe 6 ist der Schlüssel für ein bewusstes Ausleben der ersten fünf Lebensbereiche. Indem die moderne Frau sich mit den Gebieten Ernährung, Innenarchitektur, Design, Pädagogik, Psychologie, Sexualität, Erotik, Fitness und Gesundheit etc. auseinander setzt, hebt sie sich deutlich von der traditionellen Hausfrau und Mutter der früheren Jahre ab. Sie weiß über die Ursachen und Wirkungen auf diesen Lebensfeldern Bescheid. Sie ist sich der Tragweite einer falschen Ernährung, einer falschen Erziehung oder einer ungünstigen Wohnsituation bewusst. Die geistigen Inhalte, die sie sich aneignet, bereichern alle wesentlichen Lebensgebiete und sie wird zu einem interessanten Gesprächspartner.

Die Aufgabe 6 entscheidet darüber, ob die Betreffende sich im realen Sinne emanzipiert hat, d.h. ob ihre Emanzipation echt gewachsen und mit Inhalten gefüllt ist oder ob sie nur eine Maske aufgesetzt hat und damit nur so tut als ob.

Wenn sie nach außen nur die Rolle einer emanzipierten Frau spielt, in ihrem inneren Wesenskern aber geistig unreif ist trotz Reifezeugnis, sexuell unbedarft trotz Aufklärung und Pille und in einer irrealen Romantikwelt gefangen trotz Karriere in einer Businesswelt, dann stimmen Form und Inhalt nicht überein. Diese Diskrepanz aber verunsichert ihren Partner, ihre Kinder und nicht zuletzt auch sie selbst.

Deshalb hat auch eine geistig versierte Frau weniger Schwierigkeiten sich durchzusetzen. Sie wird a priori akzeptiert, weil sie eine Wissensautorität darstellt.

Geistiges Wachstum ist übrigens für eine »Nur-Hausfrau« meist leichter zu realisieren als für eine ganztägig berufstätige Frau – vorausgesetzt natürlich, sie ist imstande, sich die Zeit richtig einzuteilen und ihren Haushalt ökonomisch zu managen. Wenn sie jeden Tag, etwa wenn die Kinder im Kindergarten oder in der Schule sind, nur zwei Stunden nachdenkt, etwas lernt, sich weiterbildet bzw. Sachbücher liest, hat sie bereits nach kurzer Zeit einen entscheidenden Vorsprung gegenüber anderen Frauen, die das nicht tun. Durch das neu erworbene Wissen kann sie bewusster einkaufen, kann sie selbstbewusster Architekten, Rechtsanwälten, Lehrern oder Ärzten gegenübertreten. Sie lässt sich von den verschiedenen Autoritäten nicht mehr fremdbestimmen, sondern bringt selbst ein genaues Konzept ein, zu dessen Verwirklichung sie nur den Rat und die Hilfe von Fachleuten braucht.

Die Fähigkeit, sich eigene Konzepte auf den verschiedensten Lebensgebieten zu machen und eigene Wege als Frau zu gehen, entbindet sie davon, sowohl unreflektiert die traditionelle Frauenrolle zu übernehmen als auch davon, einfach nur feministische Parolen nachzubeten. Sie kann endlich den Weg gehen, der für sie aufgrund ihrer Stärken und Schwächen, ihrer wirtschaftlichen und sozialen Rahmenbedingungen und ihrer biografischen Situation der richtige ist.

Fragen, die Sie sich als Frau bezüglich der Aufgabe 6 stellen könnten:

– Bin ich für meinen Partner und für meine Mitmenschen ein interessanter Gesprächspartner?
– Verfüge ich über eine gute Allgemeinbildung?
– Lese ich grundsätzlich nur Liebesromane oder informiere ich mich auch über Sachbücher?
– Versorge ich meine Mitmenschen mit neuen Informationen?

- Gelingt es mir, humorvoll zu kommunizieren?
- Ist mir bewusst, dass ich mir Wissen auf den verschiedensten Lebensgebieten aneignen muss, wenn ich nicht unreflektiert die Programme meiner Vorfahren abspulen will?
- Was tue ich jeden Tag in geistiger Hinsicht, um jede der vorhergehenden fünf Aufgaben geistig zu fördern und zu befruchten?
- Bin ich mir bewusst, dass Wissen Macht ist und dass gerade die real emanzipierte Frau über diese Trumpfkarte verfügen sollte?
- Verfüge ich über ein Grundwissen in Ernährung, Farbenlehre, Psychologie, Schicksalskunde, Pädagogik, Partnerschaft, Sexualität, Erotik, Kosmetik, Kommunikation ...?
- Wann habe ich zuletzt ein Weiterbildungsseminar besucht?

vor einem Monat   O

vor einem Jahr   O

vor fünf Jahren   O

Welche Folgen hat es, wenn eine Frau ihre Aufgabe 6 nicht erfüllt?

Es hat sich gezeigt, dass die weit verbreitete Meinung, Männer würden vorzugsweise nach »blonden Dummchen« Ausschau halten, nicht der Wirklichkeit entspricht. Mag sein, dass dies vielleicht manchmal für kurzfristige sexuelle Affären gilt, aber für eine langfristige Beziehung bevorzugen Männer meist Frauen, die auch geistig über ein gewisses Niveau verfügen. Fehlt es einer Frau an Intelligenz und an der Bereitschaft, sich weiterzubilden, ist als Folge davon eine fruchtbare und interessante Kommunikation kaum möglich. Der Mann wird es daher zu verhindern wissen, dass sie in seinen Kreisen Eingang findet. Er wird versuchen, sie von der Öffentlichkeit fernzuhalten. Wenn sie körperlich attraktiv ist, wird er zwar stolz seinen Freunden und Arbeitskollegen Fotos von ihr zeigen, aber – wenn irgendwie möglich – vermeiden, dass jene näheren Kontakt zu ihr bekommen. Sie darf an seinem Leben nicht teilhaben und fühlt sich daher zunehmend ausgeschlossen. Gefühle der Frustration und der Wut keimen in ihr auf. Hinzu kommt, dass sie vielleicht ihrerseits einen ihrem geistigen Niveau entsprechenden Freundeskreis unterhält, mit dem er nichts zu tun haben will. Diese Situationen bergen eine Fülle an Konfliktstoff.

Wenn so gut wie nie interessante Gespräche möglich sind und jeder sich nur mit seinen eigenen Freunden umgibt, entsteht bei beiden Partnern Langeweile und die Tendenz, sich immer mehr aus der Beziehung auszuklinken.

Fragen, die man sich bei den 6 geschlechts-spezifischen Aufgaben stellen sollte

1. Erfülle ich die Aufgabe generell nicht?
2. Erfülle ich die Aufgabe nur bei einem bestimmten Partner nicht?
3. Verhindert mein Partner durch ein bestimmtes Verhalten, dass ich die Aufgabe nicht wahrnehmen kann oder will, obwohl ich potentiell dazu in der Lage wäre?
4. Erfülle ich die Aufgabe aus ideologischen Gründen nicht?
5. Kann ich die Aufgabe nicht erfüllen, weil ich dazu nicht die nötigen Kenntnisse und Fähigkeiten habe?
6. Will ich die Aufgabe nicht erfüllen, weil ich zu bequem bin oder weil ich dazu ganz einfach keine Lust habe?
7. Kann ich die Aufgabe nur partiell erfüllen, weil ich die dazu erforderlichen Fähigkeiten nur unzureichend ausgebildet habe?
8. Werde ich bei einer Aufgabe durch das mangelnde Erfüllen einer anderen Aufgabe beeinträchtigt oder blockiert?
9. Kann ich die Aufgabe nur aufgrund meiner derzeitigen biografischen Situation nicht verwirklichen?
10. Was muss ich tun, um zukünftig die eine oder andere Aufgabe erfüllen zu können?

Kurzübersicht:

Wenn Männer ihre Aufgaben vernachlässigen

Der Mann erfüllt nicht oder nur unzureichend seine	Die Folgen:
Aufgabe 1	Die Frau gewinnt an Macht. Der Mann fühlt sich psychisch kastriert.
Aufgabe 2	Die Frau fühlt sich frustriert und ungeborgen.
Aufgabe 3	Die Frau fühlt sich unsicher und kompensiert ihre Unsicherheit mit Machtstreben.
Aufgabe 4	Die Frau nimmt sich Liebhaber bzw. sie macht alljährlich Sexurlaub in der Karibik.
Aufgabe 5	Er hat eine geringere Auswahl an potentiellen Partnerinnen.
Aufgabe 6	Die Frau fühlt sich überlegen und gewinnt an Macht.

Kurzübersicht:

Wenn Frauen ihre Aufgaben vernachlässigen

Die Frau erfüllt nicht oder nur unzureichend ihre	Die Folgen:
Aufgabe 1	Der Mann fühlt sich ungeborgen. Der Mann sucht sich ein »Bratkartoffelverhältnis«. Die Familie leidet unter Mangel- oder Fehlernährung.
Aufgabe 2	Der Mann fühlt sich ungeborgen.
Aufgabe 3	Der Mann fühlt sich gegenüber Kind oder gar Hund und Katze zurückgesetzt. Der Mann fühlt sich ungeborgen.
Aufgabe 4	Der Mann löst die Beziehung auf bzw. nimmt sich eine Geliebte.
Aufgabe 5	Sie hat eine geringere Auswahl an potentiellen Partnern. Der Mann lässt sich mit ihr nur ungern in der Öffentlichkeit sehen.
Aufgabe 6	Der Mann lässt die Frau nur wenig an seinem Leben teilhaben.

Dauerhaftes Glück ist möglich

»Ein Single ist ein Mensch,
der alles haben will,
aber im Endeffekt nichts bekommt.«

Kurzzeit- und Langzeit-Singles

Bei Singles heißt es zu unterscheiden zwischen Kurzzeit- und Langzeit-Singles.

Der Kurzzeit-Single ist nur vorübergehend allein. Für ihn ist es wichtig, nach der jeweils letzten Partnerbeziehung zu analysieren, was falsch gelaufen ist und was er zukünftig besser machen könnte.

Er muss sich selbst auf einer neuen Entwicklungsstufe wieder finden.

Diese Singlephase ist notwendig, um handlungsfähiger und selbständiger zu werden und um sich schließlich in der Partnerschaft wieder neu orientieren zu können.

Es handelt sich hier um einen natürlichen Partnerwahlprozess, der von vielen Menschen in bestimmten Intervallen zu absolvieren ist.

Etwas anders gelagert ist die Situation beim Langzeit-Single. Dieser bleibt oft ein Leben lang Single, weil er die von der Natur vorgesehenen geschlechtsspezifischen Aufgaben nicht oder ausschließlich nur für sich selbst erfüllen will.

Er will alles nur für sich selbst haben – das Geld, das Essen, die Wohnung, er macht Sex mit sich selbst, trägt schöne Kleidung nur für sich selbst und onaniert geistig auf seine vermeintliche Grandiosität.

Irgendwo spürt er aber, dass ihm etwas fehlt. Deshalb strebt er nach Ersatz. So kann neben Hund und Katze eine Musik- oder Kunstrichtung als Partnerersatz fungieren; auch eine Ideologie oder Weltanschauung kann man lieb gewinnen und sich daran binden.

Mit einem solchen Partnerersatz geht der Single dann auf Partnersuche und erwartet paradoxerweise von seinem zukünftigen Partner, dass dieser ebenso davon begeistert ist wie er. Ja, mehr noch, er macht seinen eigenen Partnerersatz zur Grundbedingung, die der Partner in spe erfüllen muss. Er selektiert die potentiellen Partner nach diesem Kriterium.

Eigentlich sucht ein Langzeit-Single nur sich selbst – als Single-Frau eine männliche Ausgabe und als Single-Mann eine weibliche Ausgabe von sich selbst. Zugleich soll der Partner das eigene Wellness-Programm vervollständigen wie ein Relaxing-Bad in der Wanne am Abend. Ansonsten soll er überall zustimmen, nie anderer Meinung sein, nie andere Interessen hegen oder gar andere Vorstellungen haben.

Jede Eintrübung der eigenen Welt empfindet man in diesen Kreisen häufig als Zumutung. Wenn der Partner am Wochenende an einen anderen See will als an den, den man selbst vorgeschlagen hat, macht man womöglich mit ihm Schluss. Häufig erfolgt dann in etwa folgende Argumentation: »Wir passen einfach nicht zusammen. Es hat keinen Sinn! Lassen wir es lieber, bevor die seelischen Schmerzen zu tief werden!«

Im Grunde genommen möchte ein solcher Mensch, ohne sich dessen bewusst zu sein, dass sein Partner seine sechs Aufgaben nur für ihn erfüllt und das Produkt oder den Gewinn daraus nur ihm zur Verfügung stellt, während er selbst alles, was er sich erarbeitet hat, für sich behält.

Dadurch bekäme der Betreffende alles (er würde die Ergebnisse aus zwölf Aufgaben ernten), der Partner hingegen nichts.

Muckt sein Partner gegen diese Ungerechtigkeit auf, gibt man ihm zu verstehen, dass er nicht der Richtige sei und dass man dies schon von Anfang an gespürt habe. Nur die eigene Gutmütigkeit sei der Grund dafür gewesen, dass diese Wahrnehmung so lange nicht ins Bewusstsein treten konnte.

Für manche Menschen ist das Singleleben zu einer Lebensform rund um die Partnersuche geworden. Sie wollen gar nicht mehr finden, sondern nur noch suchen. Die Suche ist zu einer Sucht entartet. Die Chancen beim anderen Geschlecht werden nur zur Stabilisierung und Beweihräucherung des eigenen Selbst verwendet. Die Werbung ist in solchen Fällen zum Selbstzweck erstarrt.

Der typische Langzeit-Single bleibt langfristig gesehen manchmal auch deshalb allein, weil seine potentiellen Partner ahnen, dass ein Leben mit ihm die Hölle auf Erden bedeuten würde.

Kein Mensch ist dazu geboren, nur der Erfüllungsgehilfe der Vorstellungen und Wünsche eines anderen zu sein.

Jeder Mensch möchte gerne beachtet, geliebt und verwöhnt werden.

Erst wenn der Single seine Frustrationstoleranz erhöht und aus seiner Egomanie erwacht, hat er eine reelle Chance, in einer Zweierbeziehung glücklich zu werden.

Die sechs Aufgaben und die Partneranziehung

Ohne das Wissen um die sechs Aufgaben ist man sich gewöhnlich nicht bewusst, was man selbst alles anzubieten hat und man weiß auch nicht, was man von seinem Partner berechtigterweise einfordern darf.

Es ist wichtig, sich über seine Chancen auf dem Partnermarkt, über das eigene **Angebot**, das man unterbreitet, und über die eigene **Nachfrage**, d.h. was man sich von einem Partner wünscht, im Klaren zu sein. Das marktwirtschaftliche Prinzip von Angebot und Nachfrage kann auch auf die Partnerschaft übertragen werden. Das Unbewusste ist dabei der große Buchhalter, der penibel registriert, welche Anlagen und Fähigkeiten in welchem Umfang vorhanden sind, und was aufgrund dessen von einem Partner erwartet werden kann.

Auch wenn sich jemand noch so toll findet, das Unbewusste kennt den Unterschied zwischen Anspruch und Wirklichkeit. Es weiß, was sich auf der Habenseite befindet bzw. was wirklich zählt und was nur in der Einbildung existiert. Es lässt sich nichts vormachen.

Auf das Investitionsgesetz, das besagt, dass nur dann,wenn wertvolle Anlagen und konstruktive Energien in eine Partnerschaft investiert werden, entsprechende Erfolge erzielt werden können, reagieren viele Menschen, besonders wenn sie schon einige Enttäuschungen hinter sich haben, häufig ungehalten. Sie sind der Ansicht, dass jemand, der soviel Energie für eine Beziehung aufgewendet hat wie sie, nicht für das Scheitern dieser Beziehung verantwortlich gemacht werden könne.

Bei genauerer Analyse kann man jedoch feststellen, dass

die Betreffenden keine realen Anlagen und Fähigkeiten in die Waagschale geworfen haben, sondern nur Defizite, reaktive Gefühle wie Ärger, Neid, Depression, Hass, Wut, Ohnmacht, Schuld, Angst sowie ihre Süchte, Vorstellungsbilder und Fixierungen, ihre Projektionen und Erwartungshaltungen. Subjektiv erscheint es ihnen zwar so, dass sie viel in die Beziehung eingebracht haben, weil die fortwährende Unterdrückung ihrer primären Natur und die ständige Anpassung an lebensfremde Normen, Gebote und Verbote sowie das stete Bangen und Hoffen, dass ihr Partner endlich die eigenen Erwartungen erfüllen solle, zeit- und kraftraubend waren.

Bei Investitionen solcher Art lebt man ständig auf Pump, also auf Kosten der eigenen Lebenskraft, der Lebenskraft des Partners und der Liebe, die beide verbindet. Man zehrt von der Substanz der Beziehung.

Das Einzige, was man mit solchen Investitionen beim Partner erwirken kann, sind gerade die negativen Gefühlsreaktionen, auf die man mit solcher Wut und Enttäuschung reagiert hat. Pathologische Investitionen führen zu pathologischen Reaktionen, die wiederum aufs Neue negative Gefühlsreaktionen auslösen. Letztere werden reinvestiert, und das Spiel beginnt von vorn. Da gewöhnlich keiner in der Beziehung sich auf den Ursprung besinnt und das Wesentliche erkennt, entfernen sich beide immer mehr von der Wirklichkeit. Schließlich bleibt als einziger Ausweg aus dem Tohuwabohu nur noch eine Trennung oder Scheidung übrig. Trifft man später den Partner, den man früher so innig geliebt hat, zufällig auf der Straße, schaut man möglicherweise weg oder lässt ihn im Vorbeigehen noch einmal seinen ganzen Hass spüren. Wie ist es möglich, dass einem ein Mensch, mit dem man jahrelang zusammengelebt hat und mit dem man so intim wie mit sonst keinem anderen Menschen auf der Welt war, plötzlich nichts mehr bedeutet, dass aus dem engsten Vertrauten ein Intimfeind werden kann?

Liebe entwickelt sich, wenn man ausgeglichen oder bestätigt wird, entweder in der Wirklichkeit oder aber auch nur in der Imago. Im letzteren Fall bleibt sie so lange bestehen, wie die Hoffnung aufrechterhalten werden kann, dass eines Tages ein Ausgleich erfolgen wird, etwa dass der Partner doch noch der eigenen Vorstellung und der Rolle, die man ihm zugedacht hat, entsprechen wird. Enttäuschung tritt ein, wenn man erkennt, dass der Partner ganz anders ist, als man dachte, dass man sich in ihm getäuscht hat, wenn man aus seinem Wahn erwacht und wieder imstande ist, die Wirklichkeit zu sehen. Die Konfrontation mit der Realität ist es also, die vielen Menschen so zu schaffen macht. Sie sind sich nicht bewusst, dass sie ihrem potentiellen Partner nur wenig Attraktives anzubieten haben, und selbst, wenn sie dies erkennen, hoffen sie dennoch, heiß geliebt und begehrt zu werden.

Sie klammern sich an die Illusion, dass einmal ein Partner auftaucht, der sagt: »Ich liebe dich wirklich einzig und allein nur um deiner selbst willen! Dass du kaum etwas in unsere Beziehung einbringst, macht mir überhaupt nichts aus.«

Die Traumfrau soll sagen: »Obwohl du erfolglos bist und mir nichts bieten kannst, mir keinen seelischen Halt gibst, dein Körper unästhetisch und deine Kleidung nachlässig ist und ein Gespräch aufgrund deiner geistigen Begrenzung kaum zustande kommt, liebe ich dich aufrichtig und aus ganzem Herzen.«

Der Traummann soll sagen: »Obwohl deine Pluderhosen und deine Unterwäsche für mich ein Grauen sind, obwohl ich weiß, dass ich bei dir nie etwas zu essen bekomme und obwohl du im Bett frigide bist und ständig nur von deinen Depressionen erzählst, denke ich Tag und Nacht nur an dich und kann das Glück, dich gefunden zu haben, kaum fassen.«

Es besteht meist ein großer Unterschied, welchen Partner

jemand möchte (Suchbild), und welchen er aufgrund seines Angebots verdient.[*]

Oft genug ist einem der Partner, der dem eigenen Angebot entsprechen würde, nicht gut genug. Man ignoriert ihn, wehrt ihn ab, glaubt, etwas Besseres verdient zu haben und sucht weiter, ohne sich darüber im Klaren zu sein, dass man in Anbetracht des eigenen dürftigen Angebots bis zum Sankt-Nimmerleins-Tag suchen könnte, ohne je den gewünschten Erfolg zu erzielen. Es gibt in diesem Fall nur zwei Möglichkeiten: Entweder man begnügt sich mit dem Partner, der dem eigenen Angebot entspricht, oder man verbessert und erweitert sein Angebot, sodass man einen Partner anziehen kann, der entsprechend mehr zu bieten hat und der einem besser gefällt.

Ein weit verbreitetes Phänomen ist, dass man das eigene Angebot über- und das Angebot des anderen unterschätzt. Man erkennt sofort den Splitter im Auge des anderen, aber übersieht den Balken im eigenen Auge.

So war Lorenz A. (33) felsenfest davon überzeugt, dass er der Damenwelt eine Menge bieten konnte. Dementsprechend hoch waren auch seine Ansprüche, die er an seine künftige Partnerin stellte: Sie sollte aussehen wie ein Fotomodell, lieb und treu sein, gut kochen können und Format in jeder Hinsicht aufweisen. Das Angebot, das er in Wirklichkeit unterbreitete, war aber nicht dazu angetan, eine solche Frau von »Format« zu faszinieren. Lorenz war hoch verschuldet, arbeitete in einer subalternen Stellung, seine Wohnverhältnisse waren chaotisch, er war im Bett eine Niete, hatte einen Bierbauch und war fast immer nachlässig gekleidet. Auch auf geistigem Gebiet konnte er außer einigen Plattitüden nur wenig ins Feld führen.

---

[*] siehe hierzu: Hermann Meyer: Jeder bekommt den Partner, den er verdient; Trigon Verlag, München

Auch Hannelore S. (32) schätzte sich viel zu positiv ein: Sie glaubte, jeder Mann müsse sich glücklich schätzen, mit ihr in Kontakt zu kommen oder sie gar als Partnerin zu gewinnen. Sie dachte über sich: »Ich bin eine emanzipierte Frau, nicht so ein ›naives, unselbständiges Weibchen‹, habe Stil und Niveau, bin eine gute Tänzerin, habe Freude am Schöngeistigen, an Kunst, Musik, Theater und Oper, und lasse mich gerne in Restaurants der Nouvelle Cuisine verwöhnen.«

Ihr Partnersuchbild beschrieb sie so: »Ich wünsche mir einen Mann in gehobener Position, möglichst Akademiker, der all meine Interessen teilt, der das gewisse Etwas hat, überdurchschnittlich intelligent, voller Dynamik und Tatendrang ist, sowie ein Kavalier vom Scheitel bis zur Sohle, der bereit ist, mit mir ganz spontan Außergewöhnliches zu unternehmen, z.B. eine Gourmet-Reise durch das Elsass.«

Doch all das, was Hannelore S. anbietet, erscheint ihr selbst zwar überaus wertvoll, ein Mann kann gewöhnlich aber nicht viel damit anfangen. Es handelt sich bei ihren Angeboten primär um weibliche Interessen, die er aufgrund seiner männlichen Anlagen nur selten teilen kann.

Im Grunde genommen ist alles ganz einfach: Wer keine guten Angebote unterbreitet, hat wenig Chancen, einen Partner zu bekommen, der den eigenen Vorstellungen entspricht. Die Realität sieht allerdings häufig so aus: *Je schlechter die eigenen Angebote sind, desto höhere Ansprüche werden an einen zukünftigen Partner gestellt.*

Doch was sind gute und was schlechte Angebote?

Man sollte das an Anlagen und Fähigkeiten in die Auslage legen, wonach die potentiellen Partner suchen, was jene auch **brauchen** können und nicht das, wovon man selbst glaubt, dass es für andere attraktiv sei. Der Köder muss schließlich dem Fisch schmecken und nicht dem Angler. Damit sind wir wieder bei den sechs Aufgaben des Mannes und der Frau.

Im Grunde seines Herzens sucht jeder Mann eine attraktive Frau, die gut kochen kann, die die gemeinsame Wohnung geschmackvoll und behaglich einzurichten vermag, die den Kindern eine gute Mutter ist, die zärtlich und liebevoll und eine leidenschaftliche Geliebte ist, die in ihrer Kleidung immer einen Hauch von Erotik mitschwingen lässt und eine interessante Gesprächspartnerin ist.

Die größten Chancen bei Frauen hat ein attraktiver, gebildeter, praktisch und technisch begabter, humorvoller Mann, der beruflich sehr erfolgreich ist, über ein hohes Einkommen verfügt, angenehme Wohnverhältnisse bieten kann, Schutz und Sicherheit gewährt, ein leidenschaftlicher und phantasievoller Liebhaber ist, der nie damit aufhört, mit Blumen oder kleinen Geschenken seiner Liebe Ausdruck zu verleihen, der gute Manieren hat, großzügig ist, viel mit der Frau seines Herzens unternimmt, z.B. schöne Urlaubsreisen, und mit dem angenehme und konstruktive Gespräche möglich sind.

Bei den sechs Aufgaben, die die Natur jedem Geschlecht vorgibt, gibt es ein einfaches Grundschema: Wer nichts anbietet, bekommt entweder keinen Partner oder einen, der ebenfalls nichts in die Waagschale werfen kann. Wer wenig anbietet, zieht einen Partner an, der ebenfalls wenig anzubieten hat. Wer viel anbietet, hat die besten Aussichten, einen Partner zu bekommen, der seinerseits viel in die Beziehung einbringt.

Eine gute Übung besteht darin, einmal sämtliche verflossenen Partner vor seinem geistigen Auge Revue passieren zu lassen und zu untersuchen, inwieweit diese ihre sechs Aufgaben erfüllt haben. Danach kann analysiert werden, ob und ggf. wie die fehlende oder unzureichende Erfüllung dieser Aufgaben die jeweilige Beziehung zum Scheitern gebracht hat. Genauso wichtig ist es zu prüfen, inwieweit eigene Mängel und Defizite zur Beendigung der Beziehung beigetragen haben.

Jasmin S. (36), eine sehr attraktive Journalistin, konnte

zwar mit einem exzellenten Werbeverhalten (Aufgabe 5) glänzen, wies aber auf den Feldern 1, 2, 3 und 4 entscheidende Defizite auf. Aufgrund ihrer Schönheit und einer Kleidung, die ihre körperlichen Vorzüge betonte, lernte sie am laufenden Band interessante Männer kennen. Doch daraus ergaben sich immer nur kurze Affären. Obwohl sie sich sehnlichst eine längere feste Beziehung wünschte, zogen ihre Partner nach kurzer Zeit wieder von dannen. Sie konnte in der Sexualität (Aufgabe 4) deren hohe Erwartungen nicht erfüllen, konnte außer Spaghetti mit Tomatensauce und aufgewärmter Tiefkühlkost kein Essen (Aufgabe 1) anbieten, dogmatisierte ihren Geschmack im Wohnen (Aufgabe 2) und ihr Romantikideal verhinderte, dass sie einem Mann auch im Alltag seelische Wärme und Zärtlichkeit schenken konnte (Aufgabe 3).

In diesem Fall fungierte die überdurchschnittliche Attraktivität als Hemmschuh für die persönliche Entwicklung. Ihre Trumpfkarte Schönheit reichte allein nicht aus, um einen Mann auch halten zu können. Wegen ihrer Schönheit glaubte Jasmin, es nicht nötig zu haben, auch auf anderen Feldern interessante Angebote zu unterbreiten.

Man kann sich aber auch durch das *falsche* Ausleben von Anlagen in einem Aufgabenbereich viele Chancen vereiteln, wie der Fall von Joachim B. zeigt.

Joachim B. (38) erfüllt die Aufgaben von 1 bis 4 zwar hervorragend, übertreibt jedoch in Bezug auf Kleidung und Auto (Aufgabe 5) und legt bei der Aufgabe 6 eine so starke geistige Arroganz an den Tag, dass viele Angehörige des anderen Geschlechts abgeschreckt werden.

Das Naturprogramm der sechs Aufgaben macht den Millionen von Frauen, die die falsche Form der Emanzipation gewählt haben, nämlich die Verweigerung der Übernahme von weiblichen Aufgaben, bewusst, dass es nicht von ungefähr kommt, wenn ihre Beziehungen zu Männern unglücklich sind oder gänzlich scheitern.

Es ist hart, aber wahr: Sie alle passen zu **keinem** Mann – obwohl sonst jeder Topf einen Deckel findet – weil sie keinem Mann ein genügend attraktives Angebot unterbreiten. Sie passen zu keinem Mann, weil sie für einen Mann mehr Belastungen als Annehmlichkeiten bringen.

Sie passen zu keinem Mann, weil bei ihnen ein zu großes Ungleichgewicht zwischen Geben und Nehmen besteht und vor allem, **weil die Komplementarität und das von der Natur eingerichtete Aufeinanderbezogensein der sechs männlichen und der sechs weiblichen Aufgaben nicht funktionieren kann, wenn sie die Übernahme der weiblichen Aufgaben verweigern.**

Wenn eine Frau so gut wie nie Mahlzeiten zubereitet, ihren Hund oder ihre Katze einem Mann vorzieht, sich sexuell immer wieder verweigert oder nur Kuschelsex unter der Bettdecke praktizieren will, es vermeidet, um einen Mann zu werben und ansonsten nur in Esoterik-Zirkeln und Meditationszentren verweilt, bekommt ein Mann, der seine Aufgaben ordentlich erfüllt, bei ihr kein entsprechendes Äquivalent für seine Bemühungen. Die Frau führt sein Werk nicht fort, sondern lebt abstrakt ihren feministischen Lebensstil. Wenn sie ihren Partner dann auch noch für Küchenarbeiten, Haushalt und Kinderbetreuung einspannen will, ist bei diesem oft endgültig »der Ofen aus«. Er gibt und bekommt nicht nur nichts zurück, sondern wird sogar noch zusätzlich belastet.

Während jede andere Frau durch ihre Art von Angebot einen ganz spezifischen Partner anzieht, gerät die auf falsche Weise emanzipierte Frau nur immer wieder auf einen neuen **leidensfähigen** Mann. **Die Dauer der Beziehung hängt vor allem vom Grad der Leidensfähigkeit des männlichen Wesens ab.** Die Freunde ihrer Partner fragen sich häufig voller Sorge: »Wie lange hält der Betreffende noch durch? Wie lange kann er es ertragen, immer nur zu geben und nichts außer Verweigerung, Widerstand, Auflehnung und neurotischen Machtspielchen zurückzuerhalten? Wann gibt er endlich die Hoffnung auf und zieht weiter?«

Genau genommen müssen die heutigen Männer die Suppe auslöffeln, die ihnen ihre Vorväter eingebrockt haben. Diese haben ihre Frauen unterdrückt, sie ihrer Menschenrechte beraubt, sie nicht als gleichberechtigte Partner angesehen. Deshalb schlug das Pendel irgendwann in die andere Richtung aus. Immer mehr Frauen verweigerten die Erfüllung ihrer Aufgaben und nutzten nur noch den Hunger der Männer nach Sex, Liebe und Zärtlichkeit für ihre Zwecke aus, für Zwecke der Macht und der seelischen Unterdrückung. Falls die Männer ihre Vorstellungen und Erwartungen nicht erfüllten, wurden sie mit Liebesentzug bestraft oder fallen gelassen. So entstand ein Heer von seelischen Masochisten, die sich von ihrer »Herrin« fast alles gefallen ließen, nur um ein bisschen Liebe und Anerkennung zu erhalten.

Jetzt ist es für beide Geschlechter an der Zeit, die gesunde Mitte wieder zu finden, d.h. der Mann muss seine männlichen Anlagen entfalten und seine männlichen Fähigkeiten anwenden, damit er ein Mann im wirklichen Sinne werden kann, und die Frau muss ihre weiblichen Anlagen und Fähigkeiten entwickeln und einsetzen, damit sie eine Frau werden kann, die ihre eigene Natur bejaht und zu genießen versteht. Jeder kann hier und heute damit beginnen, die irreale Hoffnung aufzugeben, Mr bzw. Mrs Right werde trotz eigener ungünstiger Angebote irgendwann bei einem anklopfen, wenn man nur inbrünstig und lange genug wartet. Jeder kann zu jeder Zeit ein neues Kapitel in seinem Leben schreiben, indem er die Realität, so wie sie ist, akzeptiert und konkrete Schritte zur Verbesserung seiner Partneranziehung bzw. seiner bestehenden Beziehung unternimmt.

Wer seine Kommunikationsfähigkeit (Aufgabe 6) verbessert, verändert die Frequenz seiner Partneranziehung auch auf diesem Gebiet.

Wer mehr für seine Werbung (Aufgabe 5) tut, hat größere Chancen, einen Partner anzuziehen, der seine Aufgabe 5 ebenfalls gut löst.

Wenn es einen schmerzt, dass der Partner eine Aufgabe nicht so verwirklicht, wie man sich das wünscht, so kann dies auch als Hinweis gesehen werden, selbst die entsprechende eigene Aufgabe besser zu bewältigen.

So litt etwa Tobias A. (32) sehr darunter, dass die Frauen, die er kennen lernte, es nicht für nötig hielten zu werben. Erst als er selbst mehr auf seine Garderobe achtete, mehr für seine Fitness tat, sich bessere Tischmanieren aneignete und öfter mit Blumen und kleinen Aufmerksamkeiten um die Gunst der Frauen warb, änderte sich das Blatt. Er lernte Birgit S. (24) kennen, die es verstand, das Beste aus ihrem Typ zu machen, die ihn so verführte und becircte, wie er es sich immer vorgestellt hatte.

Welche Aufgabe auch immer besser und effizienter erfüllt wird, sie beeinflusst aufgrund der Komplementarität und des Aufeinanderbezogenseins immer auf direktem Wege die entsprechende Aufgabe des anderen Geschlechts und indirekt die Bereitschaft des Partners, unter Umständen auch auf einem anderen Gebiet etwas zu geben bzw. etwas mehr zu geben.

Es ist ein schönes Gefühl zu wissen, dass man nicht ohnmächtig dem Schicksal oder dem so genannten Zufall gegenübersteht, sondern tatsächlich etwas tun kann, um seine Träume zu verwirklichen.

Positive Auswirkungen bei der Erfüllung der sechs Aufgaben

Die sechs Aufgaben zu erfüllen bedeutet für den Menschen, seine Grundbedürfnisse nach Nahrung, Wohnung, Fortpflanzung, Sexualität, erotischen Reizen (Werbung) und geistiger Stimulation zu stillen. Wenn jeder der Partner in einer Paarbeziehung seine Aufgaben auf geschlechtsspezifische Weise erledigt, kommen die Stärken des einen mit den Stärken des anderen zusammen, was nicht nur zu einer Verdoppelung der Stärken führt, sondern aufgrund der gegenseitigen Verstärkung zu einer Multiplikation.

So kann jeder der beiden Partner dafür sorgen, dass es ihm selbst und dem anderen gut geht.

Wenn gleich zwei Menschen dafür Sorge tragen, dass es einem gut geht, dann potenziert sich das Wohlbefinden eines jeden Partners.

Besonders günstig wirkt sich die Erfüllung der sechs Aufgaben beim weiblichen Geschlecht aus. Insbesondere deshalb, weil die Erfüllung der sechs Aufgaben sie davon entbindet, ein Leben lang für Gleichberechtigung und Mitbestimmung kämpfen zu müssen. Durch die Erfüllung ihrer sechs Aufgaben sind Gleichberechtigung und Mitbestimmung für sie kein Thema mehr, weil sie dadurch a priori gleichberechtigt ist und mitbestimmen kann. Die Erfüllung ihrer sechs Aufgaben verleiht ihr so viel Macht und so viel Einfluss, dass kein Mann ihr diese Rechte je abstreiten würde. Sie hat alle Trumpfkarten in der Hand – die Macht der Geborgenheit, die Macht der Zärtlichkeit, die Macht der Sexualität, die Macht der Schönheit, die Macht der Erotik, die Macht des Geistes . . .

Eine mit solcher Macht ausgestattete Frau braucht nicht mehr mit Transparenten durch die Straßen zu ziehen, nicht mehr in feministischen Gruppen gegen die Männer Front zu machen, hat es nicht nötig, ständig Widerstand zu leisten, sich zu verweigern oder zickig zu sein. Sie hat sich emanzipiert im wirklichen Sinne, ist als Frau mündig geworden.

Sie ist sich ihrer Stärken und ihrer Macht bewusst und akzeptiert die Stärken und die Macht des Mannes. So entsteht ein Machtgleichgewicht, wodurch Machtmissbrauch wirkungsvoll vorgebeugt wird.

Sie spielt bei keinem Partner die zweite Geige, sie ist nie auf die Rolle der Ergänzungspartnerin eines Mannes angewiesen. Selbst wenn der Mann ihres Herzens bereits verheiratet oder anderweitig liiert ist, hat sie beste Chancen, dass er seine Beziehung beendet und sich ihr zuwendet. Sie kommt praktisch nie in die Lage, dass ein verheirateter Mann, der überhaupt nicht daran denkt, sich von seiner Frau scheiden zu lassen, sie jahrelang mit Heiratsversprechen hinhält.

Wie man verhindern kann, verlassen oder ausgetauscht zu werden

Wir haben festgestellt: Wenn zwei Menschen dafür Sorge tragen, dass es jedem von ihnen gut geht, hat das eine immens bessere Lebensqualität zur Folge, als wenn einer nur allein für sein Wohlbefinden sorgt. Voraussetzung hierfür ist allerdings, dass beide von ihrem wahren Wesen her zusammenpassen und dass keiner ein Übermaß an unverarbeiteter Vergangenheit in die Beziehung einbringt.

Wer daran arbeitet, seine sechs Aufgaben bestmöglich zu erfüllen, kann damit seine Kindheit und ggf. seine seelischen Konflikte aufarbeiten, *denn viele der eigenen Kindheitsschäden sind lediglich Folgen davon, dass damals Vater oder Mutter – aus welchen Gründen auch immer – eine oder mehrere ihrer Aufgaben nicht, unzureichend oder falsch eingelöst hatten.* Wenn jemand z.B. unter der Trunksucht seines Vaters gelitten hat, so kann dessen Flucht in den Alkohol eine Reaktion darauf gewesen sein, dass dieser sich vielleicht beruflich (Aufgabe 1) als Versager gefühlt hat oder dass dessen Frau ihm aufgrund eines bei ihr vorliegenden Defizits wenig Geborgenheit schenken konnte. Weil er trank, hat sie ihm dann noch weniger seelische Wärme und Geborgenheit gegeben.

Oder ein anderes Beispiel: Tinas (43) seelische Konflikte rühren daher, dass ihre Mutter große Schwierigkeiten hatte, eine gesunde Sexualität und Erotik zu entwickeln. Da ihre Mutter in ihren Aufgaben 4 und 5 gehemmt war, übersteigerte sie ihre Aufgabe 3 (Fürsorge). Das Gefühl, von einer übermächtigen Mutter erdrückt zu werden, verursachte bei Tina Hilflosigkeit, Unselbständigkeit und Abhängigkeit von Autoritäten.

In all diesen Fällen ist es wichtig, die Muster der Vergangenheit nicht zu wiederholen. Am besten ist es, aktiv zu werden und diejenigen Anlagen auszubilden, die zur Erfüllung all derer Aufgaben notwendig sind, die Vater oder Mutter damals nicht ausreichend bewältigt haben. Auf diese Art und Weise können unter Umständen auch Dispositionen zu Scheidung oder Suizid gelöscht oder zumindest reduziert werden. So werden familienspezifische Konflikte und Schwierigkeiten weniger an die nächsten Generationen weitergegeben.

Wichtig für eine harmonische Partnerbeziehung ist also, sie nicht durch alte Programme, Muster und Gefühle der Vergangenheit zu belasten.

Noch ein weiterer wichtiger Entwicklungsschritt darf nicht außer Acht gelassen werden. Dabei geht es darum, sich auf sämtlichen Lebensgebieten ein individuelles Profil zu schaffen. Dazu gehört eine eigene Art der Durchsetzung, ein eigener Lebensstil, eine eigene Art zu fühlen, zu denken und zu handeln, eine eigene Art der Sexualität und Erotik, eine eigene Art, Zärtlichkeit zu schenken, ein eigener Geschmack, eine eigene Meinung, eine eigene Sinnfindung, ein eigener Gesetzeskodex, eine eigene Art der Freizeitgestaltung, eigene Wünsche und Träume, . . .

In der Kollektivneurose haben viele Menschen Angst, von ihrem Partner verlassen zu werden. Diese Angst ist nicht selten berechtigt, denn wenn man wenig Eigenes entwickelt hat und nur so fühlt, denkt und lebt wie tausende andere auch, wenn man nur der Norm gemäß lebt und z.B. immer das jeweilige Modediktat erfüllt, unterscheidet man sich kaum von anderen und ist daher leicht *austauschbar*.

Hingegen ist jemand, der seine persönliche Eigenart gefunden hat und diese zu leben versteht, weniger in Gefahr, ersetzt zu werden. So wie sie Zärtlichkeit schenkt, verführt, liebt, fühlt oder denkt, oder so wie er seelische Sicherheit gibt, um sie wirbt, sich verhält oder handelt, kann das kein anderer Mensch.

Wer seine sechs Aufgaben erfüllt und dabei seine persönliche Eigenart einbringt, findet damit seinen Platz auf dieser Welt. Er wird für seinen Partner zu einem »Schatz«, den dieser nie mehr hergeben will.

Die Erfüllung der sechs Aufgaben erspart manche Psychotherapie

Wer bei der Erfüllung seiner sechs Aufgaben entscheidende Defizite aufweist und deshalb unter Selbstwertproblemen oder Partnerkonflikten leidet, sucht häufig sein Heil in einer Psychotherapie. Da oft eine große Abwehr besteht, Anlagen auszubilden und sich seinen Aufgaben zu stellen, sucht so manche Frau die Ursache ihrer Partnerprobleme eher in ihrer Vater- oder Mutterproblematik als diese auf ihre Weigerung, z.B. zu kochen oder Männer erotisch zu reizen, zurückzuführen. Und auch so mancher Mann glaubt, die Ursache seiner Probleme läge in der Vergangenheit und hätte nichts damit zu tun, dass er sich z.B. nicht genügend darum bemüht, seinen Platz in der beruflichen Hierarchie zu finden und dort gute Arbeit zu leisten oder dass er sich körperlich zu sehr gehen lässt.

Selbstverständlich ist eine Psychotherapie manchmal notwendig, um innerseelische Konflikte bewusst zu machen und zu lösen oder um jemanden zu ermutigen, lebensfeindliche Moralvorstellungen über Bord zu werfen und eine neue Ethik zu finden, aber dann heißt es, dazu überzugehen, etwas zu tun, zu handeln, etwas umzusetzen.

Wer seine Aufgaben erfüllt, hat damit – unabhängig davon, welche Vater- oder Mutterbeziehung er gehabt hat – die besten Voraussetzungen für eine gute Partnerbeziehung geschaffen.

Er hat Erfolgserlebnisse am laufenden Band, bekommt Anerkennung und Bewunderung, sein Persönlichkeitssystem stabilisiert sich. Wer voller Freude mit der Erfüllung seiner Aufgaben beschäftigt ist, hat gar keine Zeit mehr, um Neurosen zu entwickeln. Er ist resistenter gegenüber psychischen Erkrankungen als jemand, der nicht weiß, was er tun soll, dem vor lauter Langeweile die Decke auf den Kopf fällt und der seiner Umgebung mit ständigem Jammern auf die Nerven fällt.

In den folgenden fünf Punkten wird deutlich, wodurch die Befreiung aus der Kollektivneurose, bei der der einzelne durch Ideologien, Normen, Ideale, Gebote und Verbote an der Entdeckung seiner wirklichen Natur gehindert wird, gelingen kann:
1. das Hinterfragen und Auflösen von Moral und Konvention;
2. das Installieren einer Ethik des Lebens;
3. das Bejahen der menschlichen Natur; das Bekenntnis zum »Tier« in sich; das Bejahen der sechs Aufgaben des Mannes und der Frau;

4. das Bejahen der eigenen individuellen Natur; das Stehen zu sich selbst und die Bereitschaft, den Weg zur Verwirklichung der eigenen Identität einzuschlagen;
5. das Bejahen der individuellen Natur des Partners und der Mitmenschen; das Akzeptieren der Andersartigkeit des anderen Geschlechts, der Andersartigkeit des Partners, der eigenen Kinder und der Mitmenschen.

Wie Sie (fast) jeden Mann und jede Frau für sich gewinnen können – für immer

Erfüllt eine Frau ihre Aufgaben 1, 4 und 5, kann sie bereits aus einem sehr großen Partnerangebot wählen. Mit jeder Aufgabe, die sie zusätzlich bewältigt, kann sie die Qualität einer Beziehung verbessern und damit deren Dauer verlängern. Ist sie noch dazu zärtlich (Aufgabe 3), will fast jeder Mann bei ihr bleiben. Denn es ist unwahrscheinlich, dass er auf die Schnelle eine neue Partnerin findet, die mehr als vier Aufgaben optimal erledigt. Und selbst, wenn er eine solche findet, ist ja noch lange nicht gesagt, ob er ihre Vorstellungen und Erwartungen erfüllt, ob er auch in ihren Augen die wichtigsten Aufgaben zu ihrer Zufriedenheit einlöst.

Nehmen wir einmal an, eine Frau würde zusätzlich zu den Aufgaben 1, 3, 4 und 5 auch noch ihre Aufgabe 6 gut erfüllen, was bedeutet, dass mit ihr sogar auch noch interessante Gespräche und ein fruchtbarer Informationsaustausch möglich sind, dann ist sie auf dem Partnermarkt bereits fast unschlagbar. Welcher Mann würde je eine solche Frau freiwillig verlassen? Wenn sie dann zu guter Letzt noch ihre Aufgabe 2 gut bewältigen kann, indem sie für behagliches Wohnen sorgt, kann sie fast jeden Mann für immer für sich gewinnen. Sollte ihr Partner wirklich mal so nach dem Motto: »Wenn es dem Esel zu gut geht, geht er aufs Eis!« Stippvisiten bei anderen Frauen machen, wird er mit hoher Wahrscheinlichkeit schon bald reumütig zu ihr zurückkehren.

Wenn er zu Hause eine so gute Situation vorfindet, wäre es für ihn sehr unklug, dafür eine schlechtere einzutauschen.

Hat er die Talente seiner Partnerin vorher vielleicht als selbstverständlich betrachtet, weiß er sie sicher nach dem Ausflug erst richtig zu schätzen.

So wie jede Frau (fast) jeden Mann für sich gewinnen kann, so kann auch jeder Mann durch die ausreichende Erfüllung seiner sechs Aufgaben (fast) jede Frau so faszinieren, dass sie für immer bei ihm bleiben will.

Wenn man sich mit dem Naturprogramm der sechs Aufgaben auskennt, kann man die Partneranziehung strategisch beeinflussen.

Ruth K. (36) hatte die Talente und Fähigkeiten, die für ihre Aufgaben 4 und 5 erforderlich waren, hervorragend ausgebildet, jedoch große Schwierigkeiten, ihre Aufgaben 1, 2, 3 und 6 zu erfüllen. Die Folge davon war, dass sie zwar viele tolle Männer kennen lernte, diese aber zu ihrem Leidwesen alle verheiratet oder anderweitig gebunden waren. Sie wurde zu herrlichen Urlaubsreisen eingeladen und erlebte leidenschaftliche Nächte in Hotels, aber keiner ihrer Partner wollte mit ihr eine tiefere Beziehung eingehen. Erst als sie begann, an Wochenenden, an denen sie gewöhnlich einsam zu Hause saß, Weiterbildungsseminare (Aufgabe 6) zu besuchen, erhielt ihr Leben neue, wichtige Impulse. Über ein Feng-Shui-Seminar bekam sie mehr Freude am Einrichten (Aufgabe 2) und über einen Zärtlichkeitsworkshop (Aufgabe 3) lernte sie 67 mögliche Zärtlichkeitsvarianten kennen, von denen sie diejenigen auswählte, die am besten zu ihrer Persönlichkeit passten. Außerdem erklärte sie sich aufgrund der Erfahrungen, die sie in einem Partneranziehungsseminar machte, bereit, zukünftig in einer Beziehung mehr auf die nahrungsmäßige Versorgung ihres Partners zu achten. Ruth K.: »Ich kann nicht kochen und werde auch – so wie es aussieht – nie besonderen Spaß daran haben, aber ich werde mich dafür zuständig erklären und ggf. anderweitig schauen, dass mein Partner und ich gut mit Nahrung versorgt sind.«

Kurze Zeit später lernte Ruth Herbert kennen. Er war ungebunden und entpuppte sich schließlich als der Mann, von dem sie immer geträumt hatte. Sechs Monate nach ihrem ersten Treffen machte er ihr einen Heiratsantrag, den sie voller Freude annahm.

Auch hier wird deutlich, dass die Anziehung eines Partners über das Unbewusste erfolgt, das sofort jede noch so kleine Verbesserung einer Anlage registriert und darauf reagiert. Oft genügt schon – wie im Falle von Ruth K. – ein kleiner Gesinnungswandel oder eine Absichtserklärung, um eine bessere Anziehung zu erwirken.

Obwohl vielleicht niemand um die eigene Veränderung von Einstellung oder Verhalten weiß, wird dennoch eine andere Frequenz in der Partneranziehung erreicht. Die Anziehung geht über verschlungene Pfade, weil das eigene Unbewusste mit dem Unbewussten anderer Menschen verbunden ist.

Die Natur belohnt jeden fürstlich, der ihr Programm erfüllt und sich an ihre Gesetze hält. Aber sie straft auch mit Krankheit und Schicksalsschlägen, wenn man ihre Gesetze übertritt.

Besonders gefährlich ist es, wenn ein Mann seine männliche Natur verleugnet. Wir haben bereits an anderer Stelle zum Ausdruck gebracht, was jeweils passieren kann, wenn man eine spezifische Aufgabe nicht bzw. ungenügend bewältigt. Erfüllt man zwei oder mehr Aufgaben nicht oder nicht gut genug, vermehren und potenzieren sich die negativen Folgeerscheinungen. Noch unangenehmer wird es, wenn etwa ein Mann seine Aufgaben 1, 2 und 3 nicht schafft und dafür die Aufgaben 1, 2 und 3 des weiblichen Geschlechts wahrnimmt. Er hat dadurch sechsfach negative Folgeerscheinungen – ungünstige Wirkungen, die aus der Nichterfüllung seiner männlichen Aufgaben erfolgen und ungünstige Wirkungen, die erfolgen, weil er weibliche Aufgaben übernimmt. Er wird weder von Frauen noch von Männern für voll genommen – er ist bald nur noch der »Trottel vom Dienst.«

Ein Mann muss zu sich als Mann stehen und eine Frau zu sich als Frau.

Mit jeder Aufgabe, die ein Mann bewältigt, stärkt er seine männliche Natur. Die Natur hat es so eingerichtet, dass das Ausleben der Anlagen und Fähigkeiten, die einer Aufgabe immanent sind, Freude und Spaß bereitet, sodass man sich normalerweise – wenn man sich nicht fremdbestimmen lässt – glücklich fühlt, wenn man eine Aufgabe gut einzulösen vermag. Ja, eigentlich bedeutet die Erfüllung der sechs Aufgaben das Leben schlechthin. Was gibt es Schöneres für einen Mann, als beruflichen Erfolg zu ernten, eine Wohnung oder ein Haus zu erwerben, Beschützer zu sein, seine Frau sexuell zu befriedigen, Sport zu treiben und für seine Fitness zu sorgen, die Frau seines Herzens zu umwerben und sich geistig weiterzuentwickeln? Und was gibt es Schöneres für eine Frau als für ihre Familie ein schönes Essen zu kochen oder zu organisieren, die Wohnung schön zu gestalten, Mutter zu sein, sexuelle Erfüllung zu erleben, sich schön zu machen, die eigene Wirkung auf das andere Geschlecht zu erleben und geistig zu wachsen, damit interessante und tiefe Gespräche möglich sind?

Oder sagen wir es noch anders: All die Ergebnisse, die durch die Erfüllung der sechs Aufgaben erzielt werden, fungieren als Stimmungsheber – und zwar nicht nur für denjenigen, der das gute Ergebnis erzielt hat, sondern immer auch für dessen Partner. An dem beruflichen Erfolg, den ein Mann erzielen konnte, freut sich auch seine Frau, an der schönen, kuscheligen Wohnung erfreut sich nicht nur die Frau, sondern auch ihr Mann. Die Erfüllung einer Aufgabe erzeugt Hochgefühle. Man befindet sich in einer guten Stimmungslage. Die positiven Kettenreaktionen sind kaum zu ermessen, wenn beide Partner ihre sechs Aufgaben erfüllen. Man verstärkt ständig gegenseitig das Glück. So ist das Leben für Mann und Frau lebenswert.

Begriffserklärungen

Gesetz der Affinität:	Dieses Schicksalsgesetz besagt, dass eine Verwandtschaft, eine Entsprechung besteht zwischen der Innenwelt und der Außenwelt, dass das, was uns außen begegnet, auch in uns wohnt, dass die äußeren Symbole, die uns umgeben, Widerspiegelungen unseres Innenlebens sind.
Gesetz der Wiederkehr des Verdrängten:	Durch Verdrängung werden Inhalte nicht einfach aus dem Seelenleben gelöscht, sondern ruhen dort latent und kehren eines Tages wieder. Sie werden unbewusst auf andere Personen sowie auf materielle Gegenstände, die das verdrängte Potential symbolisieren, projiziert.
Kollektivneurose (2. Natur):	Die dem Menschen aufgepfropfte Natur. Das Wesen der Kollektivneurose besteht darin, dass die menschlichen Anlagen und Fähigkeiten in ihrer Entwicklung durch Normen gehemmt werden. Aufgrund dieser Blockierung der Anlagen kommt es zu den so genannten Abwehr- und Anpassungsmechanismen, die summa summarum die 2. Natur bilden. Der Einzelne strebt nicht mehr danach, seine Anlagen und Fähigkeiten zu entwickeln, sondern nur noch nach dem Ersatz (Surrogatkultur).
wahre Natur (1. Natur):	Die unter dem künstlichen Überbau der 2. Natur verborgene wirkliche Natur des Menschen. Wem es gelingt, die von Natur aus angelegten Talente und Fähigkeiten zu entfalten, bringt seine Energien in freien Fluss und betreibt dadurch aktive Schicksalsprophylaxe.

208

Bibliographie

1) Ulrich Beer   Geschlechterkampf, Geschlechterfriede, S. 18, München 1993

2) Anne Moir, David Jessel   Brainsex, S. 132, 182 u. 193, Düsseldorf 1993

3) Hans J. Eysenck   Das Partnerbuch, S. 160/161, München 1985

4) John Gray   Männer sind anders, Frauen auch; S. 110, München 1992

5) Desmond Morris   Das Tier Mensch; S. 80, Köln 1994

6) Edgar Dahl   Am Anfang war der Egoismus

7) David Buss   Die Evolution des Begehrens, S. 79, Hamburg 1994

8) F.A. Brockhaus AG   Wie funktioniert das? Der Mensch und seine Krankheiten, S. 264, 265,266, Mannheim 1988

9) Albert Cohen   Die Schöne des Herrn, S. 328, München 1989

10) Hermann Meyer   Die Lebensschule, München 2000
Gesetze des Schicksals, München 1992
Die neue Sinnlichkeit, München 1987
Der Tod ist kein Zufall, München 1996
Jeder bekommt den Partner, den er verdient, München 1998

11) Erich Neumann   Zur Psychologie des Weiblichen

12) Arno Plack   Ohne Lüge leben

Seminare zur besseren Bewältigung der sechs Aufgaben des Mannes und der Frau

Die Aufgabe 1 des Mannes:
Die Gesetze und Mechanismen
des Erfolges;
effizientes Finanzmanagement

Die Aufgabe 1 der Frau:
Tipps und Kniffe, um sich das
Kochen und die Haushaltsführung
entscheidend zu erleichtern

Die Aufgabe 2 des Mannes:
Humanes Bauen und Wohnen;
Know-how zur Wohnraum-
beschaffung

Die Aufgabe 2 der Frau:
Besser einrichten mit
Feng Shui

Die Aufgabe 3 des Mannes:
Der Part des Mannes in der
Kindererziehung;
Zärtlichkeitsworkshop

Die Aufgabe 3 der Frau:
Der Part der Frau in der Kinder-
erziehung;
Zärtlichkeitsworkshop

Die Aufgabe 4 des Mannes:
Die Geheimnisse des
sexuellen Glücks

Die Aufgabe 4 der Frau:
Die Geheimnisse des
sexuellen Glücks

Die Aufgabe 5 des Mannes:
Wie werbe ich als Mann um
eine Partnerin? Strategien und
Taktiken der Partneranziehung

Die Aufgabe 5 der Frau:
Wie werbe ich als Frau um einen
Partner? Strategien und Taktiken
der Partneranziehung

Die Aufgabe 6 des Mannes:
Die Lebensschule:
Die 12 Fächer des Lebens als
Grundlage für eine lebensnahe
Bildung

Die Aufgabe 6 der Frau:
Die Lebensschule:
Die 12 Fächer des Lebens als
Grundlage für eine lebensnahe
Bildung

Wochenendseminare in München, Wien und Luzern (Schweiz)
Seminargebühr: DM 320,– pro Wochenende

Nähere Informationen bei:

Akademie für Persönlichkeitsentfaltung
Leitung: Hermann Meyer
Sendlinger Straße 28
80331 München
Tel.: 089 / 260 88 42 (9–13 Uhr)
Fax: 089 / 260 39 59

Bitte verwenden Sie die beiliegende Postkarte.

Hermann Meyer

Hermann Meyer, Partnerschafts- und Schicksalsforscher, ist Leiter der Akademie für Persönlichkeitsentfaltung in München.
Nach dem Studium der Psychologie und Naturheilkunde in der psychosomatischen Forschung tätig. Jahrelang Vorstandsmitglied von IPSE (Psychosomatisches Forschungszentrum). Autor des Bestsellers »Jeder bekommt den Partner, den er verdient« und zahlreicher weiterer Bücher, u.a. »Die neue Sinnlichkeit«, »Die Lebensschule«, »Der Tod ist kein Zufall« und »Gesetze des Schicksals«.

Eva-Maria Meyer

Eva-Maria Meyer ist Hausfrau und Mutter – und in eigener Praxis in der Partnerschaftsberatung tätig.

Neuerscheinung

Der Teufel scheißt immer auf den größten Haufen

Das darf doch nicht wahr sein: Arme werden immer ärmer, Reiche immer reicher. Während an dem einen das Pech klebt, scheint ein anderer das Glück gepachtet zu haben. Inwieweit es hierbei mit rechten Dingen zugeht, enträtselt dieses Buch auf anschauliche und humorvolle Weise. Es weist Wege zum Erfolg und eröffnet neue Perspektiven, um auf die Sonnenseite des Lebens zu kommen.

Hermann Meyer verbindet hier sein profundes Wissen über die Zusammenhänge menschlichen Verhaltens mit den Kenntnissen einer ganzheitlichen Erfolgskybernetik. Er versteht es, in leicht verständlicher Form die vielfältigen Ursachen für Erfolg und Mißerfolg im Leben näherzubringen.

Hermann Meyer
Der Teufel scheißt immer auf den größten Haufen
ca. 210 Seiten, Paperback, durchgehend illustriert, DM 29,80
Trigon-Verlag, München · ISBN 3-00-003838-8